記号化される先住民／女性／子ども

石原真衣 編著

青土社

記号化される先住民／女性／子ども

目次

記号化される先住民／女性／子ども

まえがき

石原真衣

本書は二〇二一年一〇月一〇日、北海道大学 アイヌ・先住民研究センターにおいて開催されたシンポジウム［記号化される先住民／女性／子ども］を書籍化したものである。本シンポジウムは、シンポジストでもある加藤博文アイヌ・先住民研究センターセンター長が、当時着任して間もない助教であった私に、シンポジウムで扱いたいテーマがあるか尋ねてくれたところからはじまった。

私は沖縄をのぞけば日本の歴史上はじめての、大学でポストに就く「先住民女性」研究者であり、驚異的なジェンダーアンバランスを抱える北海道大学における女性教員であり、アイヌ・先住民研究センターでは設立してから初めての「女性教員」であった。先住民女性研究者も、同センターでの女性教員も、現在のところ私ひとりである。私にしかみえない、そして私しか経験しない多くの「暴力」があった。それらの「暴力」は、いま名づけられるプロセスにある。

私は二〇二〇年一〇月に北海道大学アイヌ・先住民研究センターで助教として着任して以降、私のあらゆる振る舞いや、研究者としての姿勢、日本の——とりわけ北海道の——アカデミズムにおける毎日の途方にくれるような闘いが、すべて、これから一人ひとり増えるだろう「先住民研究者」に影響することを十分に認識していた。本シンポジウム開催にあたっても、身近なシニアの研究者からひどい仕打ちに遭い、現在もそのトラウマと対峙する日々である。私の一つひとつの経験、そして闘いが、これから後に続く人びとにとって少しでも居心地のよい空間を拓くことを信じてこうした日々を過ごしている。

このような経験もあり、シンポジウムで扱いたいテーマは以下のようなものであった。まだ名づけられていない暴力をどのように可視化させるか、そして、アイヌ研究界隈——およびその周辺——の「ドメスティックバイオレンス」や他者表象の暴力性を可視化させ、いかに新しい風を吹き込むか、である。ここで提示される成果は、これからの日本のダイバーシティのあり方を考えていくうえで避けて通れない論点を多く含むだろう。

はじめにシンポジストをお願いしたのは内藤千珠子さんだった。内藤さんは『帝国と暗殺』や『「アイドルの国」の性暴力』などの著作で帝国とジェンダーの問題などを鋭く問う一連の素晴らしいお仕事をされている文学研究者である。特に近現代の日本の病理について、ジェンダー論からとても深く鋭く、しかし希望と美しさに溢れたお仕事をされている内藤さんに、新たなアイヌ研究の可能性を拓いていただきたく、津島佑子の『ジャッカ・ドフニ』などを手がかりに「フィクションの暴力とジェンダー　登場人物としての「アイヌ」から考える」というテーマでご発表いただいた。内藤さんは、小説の言葉やフィクションの力から私たちのこれからへの希望を紡いできた。しかしそれは、本書での論考でも「「アイヌ」をめぐる物語は、他者を一方的に意味づける差別の力学から成り立っていた」と明確に提示されたように、そこに潜む暴力にも徹底的に自覚的である。その上で、「フィクションの力を、現実との重なりのなかでとらえることによって、現代における憎悪の問題を、文学研究とジェンダー研究の接点で検証すること」が試みられている。拙著『〈沈黙〉の自伝的民族誌《オートエスノグラフィー》』が射程にした多数派と少数派が奇妙な形で共犯してしまう「二元論的世界」によって、強化、温存されてしまう近代的暴力や差別の構造を、内藤さんは鮮やかでしなやかに解剖する。

内藤さんはアイヌをめぐる物語の定型に、「病んだ器官をもつ女性身体」や「憐れむべき」存在、「女の死」を見出し、しかし同時にそこに内包される綻びやノイズを読者に提起する。津島佑子とその小説の言葉から、いかに自己のうしろめたさによって、「他者の物語を自分と関係する物語として組み立て、自分と地続きの物語として歴史を現在のなかに立ち現そうとする」かを描き出す。内藤さんが提示する視点の位置取りは、当然、マイノリティの消費や一方的な他者の領有を意味しない。われわれの全てが内包してしまっている暴力構造にどこまでもオリパク（※アイヌ語で「思慮深く謙虚でいること」）しながら、他者から自己を隔てて、安全な位置から見おろすのではなく、自己の傷に思いを寄せて少し自分も傷つきながら、他者とつながり合うような世界を与えてくれている。この姿勢は、安っぽい「多文化共生」と対極にある、共に生きる姿勢でもある。読者には内藤さんが提示する、少しにがく苦しくて、しかし読後には必ず世界が少し優しくそして深く豊かに彩られる感情を体験してほしい。

　中村平さんとは『文化人類学』誌の「オートエスノグラフィ」特集の研究会ではじめてお目にかかった。もともと共通の知人が複数人いたこともあり、研究会を超えて交流するようになった。台湾原住民に関する研究を「原住民について」ではなく、「殖民者側の立場や殖民主義について」ご研究されている中村さんは、まさに脱殖民化を志向する先住民研究において最も重要な存在である。とりわけ、日本では、非先住民≒和人≒植民者側≒「白人的日本人」がきわめて透明で人種的特権に無自覚であり、したがって、日本のアイヌ民族問題やアイヌ研究は、エスニシティやアイデンティティ、あるいは文化継承の問題として矮小化される傾向が強かった。中村さんはそのような事情についても深く理解されていて、植民地台湾における記号化の問題と、ほとんどの記憶が継承されていないかつての植民者側の問題について、「記号化される台湾先住民　日本殖民主義の認識論と透明な殖民者日本人」というタイトルでご発表いただいた。
本書では、「台湾先住民とその脱殖民化への運動を紹介」し、「マジョリティであると思われる日本人に、殖民（地）責任の問題系と、台湾先住民を一方的に記号化し名付けてきた歴史を知っていただきたい」と中村さんは言う。脱殖民の運動は、「台湾先住民運動の背景には、差別され、自分たちが他者から名づけられ、名指されてきたという歴史があり、それを跳ね返すもの」である。中村さんは、「植民」ではなく「殖民」という言葉を使用するが、日本の近代化における「殖やす」という構造があったことを詳細に指摘し、また、脱殖民化とは、「自治を認めない殖民主義的な力、帝国主義的な力に抗して、他者による主体性の抑圧に対抗していくことである」と述べている。中村さんが、殖民者の子孫として台湾原住民の人びとと接し、歴史人類学的ともいえる実証的な検証を得意とする研究スタイルから紡がれる論考には、メタな議論と最もミクロな現象をつなぐ展開を遂げている。このような研究が、なぜアイヌ研究で実現してこなかったかについて、その責任を個人化することを回避しながらアカデミズムの課題として議論を深めることが求められる。

日本を代表する現象学者である村上靖彦さんとは、向谷地育良さんが主催された当事者研究のシンポジウムで一緒に登壇する機会があり、刊行後間もなかった拙著『〈沈黙〉の自伝的民族誌』についで過分なご評価を壇上でしてくださったことがきっかけで、現在研究上および当事者が抱える困難について様々なご教示をいただいている。村上さんは哲学者としてエマニュエル・レヴィナスの研究からキャリアをスタートし――フランス語で二冊もご出版されている――、自閉症のご研究、看護のご研究、母親の虐待に関するご研究、現在はヤングケアラーや西成の子ども支援などに関するご研究をされ、今回はそのご研究をもとに「記号が照らすすき間、記号を逃れる本人　大阪西成区でのヤングケアラー調査をもとに」というタイトルでご発表いただいた。

村上さんは、「何かのラベルやアイデンティティは強いられたスティグマなのか、自ら問題化して選び取ったものなのかなどの状況によってその意味が大きく変わってくる」と述べ、自身がインタビューを行っている大阪市西成区での「ヤングケアラー」を経験した若者へのインタビューなどに基づいた事例を紹介する。村上さんは、ヤングケアラーという「新しく輸入された概念に特徴的なことは、家族のケアを担っている子どもは歴史的にも現在も多数存在していたのにも関わらず、それとして認知されていなかったということ、そして記号が与えられた途端に突然可視化しようとする強い力が働いていることである」という。一人称で個別的、偶発的な語りにフォーカスする現象学的質的研究を行ってきた村上さんは、当事者の語りを研究者として意味づけたりはしない。一見すると雑多な当事者の語りのなかから、大切なものに丁寧に耳を澄ます。そして、ヤングケアラーとは「家事をする子どもではなく「心配する」子ども」だと書く。「ヤングケアラーの声を聴くことは、自分が持つ困難と力を自覚しつつ、若者がそれぞれのしかたで生を形作っていくプロセスに立ち会うことなのだ」と村上さんは言う。ヤングケアラーたちの語りと生は彩り豊かに本書で提示されている。

村上さんは、これまで自閉症の研究から、看護師さんたちの研究、そして虐待してしまう母親たちの研究、その後ヤングケアラーの研究をしている。「当事者」が「研究対象」として消費されるアカデミズムという営為――人類学とはまさにそういう暴力性を内包するものではなかったか――で、いつも居心地悪く過ごしてきた私は、村上さんのこれまでの本を読んで驚いてきた。当事者の語りを文字として記述しながら、当事者を消費や搾取したり、スティグマや居心地の悪い記号を付与したりしない、そのような村上さんの仕事がいかにして可能なのかについて私はこれまで考えてきた。まだ答えを用意できる段階にはないが、そこには他者表象の未来がたくさんつまっている。読者にもぜひ共に考えてほしい。

こうして、各学術領域を牽引される素晴らしい研究者が参加に同意してくださり、シンポジウムを開催の運びとなった。

アイヌ・先住民研究センターからは、北原モコットゥナシさんと加藤博文センター長にご登壇いただいた。北原さんには、当事者として長年研究と文化継承に関する現場でのご経験から「神秘と癒し　アイヌ文化発信の陥穽」というタイトルで大変貴重なご発表をいただいた。神秘と癒し、という無害な存在としてのみアイヌが取り上げられることの危険性は、今後のダイバーシティ推進においてとても重要な視点である。北原さんはアイヌが消費される中で、「好意的な見方」が誤解されながら永続し、入植者側の歴史認識が問われずにすまされてきた過程を論じている。また、社会における偏った期待がアイヌに対して特定の役割を押し付けることになり、それが翻ってアイヌの主体性を放棄させるという。「アイヌ・和人を含め研究者にとっても、アイヌを「好意的に見る」ことと「好奇の目で見る」ことの境界は曖昧なのだ」という北原さんの示唆は、今後のダイバーシティ推進において最も重要な視点のひとつだろう。マイノリティや先住民を記号化し、消費する行為とは、多くの場合「好意的に」行われる。時としてその消費にマイノリティや先住民自身が巻き込まれ、加担してしまう。その行為者の一人ひとりの責任を追及するよりも、その構造についてい一つひとつ、絡まってしまった結び目をほどいていくように、明らかにしていくことが求められる。

本論考で北原さんは、アイヌが動員される物語について、「誰に都合のいい恋愛物語?」と問う。映画『北の零年』について、アイヌの老人の素朴さが描かれたり、アイヌが和人を助けることで「入植による軋轢やアイヌへの迫害が不可視化される」構造を明らかにした。また、アイヌ女性が情熱的、積極的な人物として描かれ、欲望の対象となることであるべき女性の姿から外される例についてもふれている。映画『君の名は』や、ドラマ『永遠のニシパ』で描かれるアイヌ女性は演出の小道具のように使用され、死んでしまう運命を辿る。北原さんが問う「入植者男性を女性が受け入れたというストーリーは、入植の受け入れ・肯定の象徴として働いているのではないだろうか」という視点は、好意的にマイノリティや先住民を消費する行為と、権力が介在する暴力的な構造の奇妙な結びつきをクリアに私たちが見ることを可能にする。ダイバーシティ推進の時代に、このような視点を携えることが最も重要で緊急ではなかろうか。

加藤センター長は、日本に先住民考古学を導入した人物である。国家は歴史という神話に基づいて形成される。その意味において先住民への国家的暴力は、考古学や歴史学に支えられている側面があり、今回はそれらの問題点を「記号化による文化遺産の植民地化　収奪される地名・記憶・歴史」というタイトルでご発表いただいた。

加藤センター長は、文化を保護し、発展させることを目的とする文化遺産や文化財の保護が、一方で、文化を定義し、型に嵌め込み、分類することで、特定のイメージを外から付与し、ステレオタイプのイメージを再生産させてしまうことに注意を促す。本書では、考古学のルーツを紹介し、考古学における植民地主義が例えば「精神よりも物質がまさる」「口伝よりも文献がまさる」などといった先住民社会の文化を劣位においてしまうような視点が提示されている。また、本書で加藤センター長は、北海道における遺跡名が複数紹介されているが、アイヌ語に由来する遺跡名がある一方で、アイヌ語地名とは関係なく命名された遺跡名が少なくない事例を紹介している。遺跡名と土地の記憶、文化の結びつきは地域社会および先住民社会にとって大切であるが、札幌市による遺跡命名法などを鑑みても、遺跡名からアイヌ語を消してしまったことが、文化遺産の保護という視点からみて深刻であると述べられている。加藤センター長が考古学者として先住民に対する暴力を思索することは、他のどの学術領域に属する学者がそれを行うことよりも深い意味と意義がある。

チョクトー・インディアンであるジョー・ワトキンス博士が近年アメリカ考古学会の会長を務めたことは、先住民問題を考える上で歴史的な出来事だった。先住民の研究者が世界各国で増加しつづける一方で、日本のアカデミズムでは先住民研究者は歓迎されているだろうか。考古学や歴史学という国家の形成および維持に重要な役割を果たす学術領域や、文化人類学といったフィールドワークに基づく領域は、「もの申すネイティブ（先住民）」の存在を歓迎しうるのか。そうした議論を加藤センター長とは継続的に行ってきた。今後ダイバーシティ推進を行う上で、対立や紛争が起こりそうな内容こそ、双方に忍耐強く、少しずつ傷つくことを過剰に恐れずに、対話を続けていきたい。加藤センター長は、大学院時代からけっして「わきまえる主体」ではなかった私をあたたかく育ててくださり、多くのアイヌの人たちと忍耐強く、愉し気に付き合い、そして、非先住民考古学者として日本における先住民研究を牽引してきた。共生とは何か、ということを考える上で、加藤センター長の姿勢や研究から学ぶことは多い。

私の論考では、ダイバーシティ推進の時代に、先住民がいかに記号化され商品化し流通しているかについて問題提起をした。そこで一元化されたイメージが当事者の現実とズレが生じる場合、イメージからはずれてしまうことに罪悪感などを持ってしまう可能性すらある。また、先住民を記号化してしまうことによる負の側面として、先住民が単色になり、多数派が透明のままでいる構造が強化されることを指摘できよう。その構造をズラし、先住民や当事者にとって心地よい社会を実現するには、「歴史」や「考古学的研究」が扱えない身体に刻まれた傷と、そこから紡がれる言葉が重要であるのではなかろうか。

本書は以上のシンポジウムでの議論に修正を加えて刊行するものである。北海道の先住民であるアイヌ民族の問題を扱いながら、日本のダイバーシティ推進における問題点や、日本社会が抱える病理を可視化させてもいる。先住民や女性や子どもという社会的にヴァルネラブルな存在が経験する暴力を思索することは、これからの人類全ての未来を担う役割を持つ。これらの存在がいかに微づけられ、非人称化され、政治経済的な商品として流通させられてきたか。本書では、マクロな視点を整理しながら、記号化される人びとの顔と声を回復することでミクロな視点が提示されている。今日多いに機運がたかまっているダイバーシティ推進が、陳腐で安易なものにならないように、本書を携えていただきたい。

神秘と癒し　アイヌ文化発信の陥穽

北原 モコットゥナシ

私は文化人類学を専攻しており、特に樺太アイヌの宗教儀礼、そこに見られる物質文化とか、あるいはそこで唱えられる祈り言葉を学んできた。今回のシンポジウムのようなテーマについては、以前から考えてきたわけではないが、私自身もアイヌとして研究していく上で、いろいろな記号化に直面したり、他の人の研究に刺激を受けたりという経験を通して関心を持つようになり、ここに加えていただくことになった。

アイヌの記号化

初めに、本シンポジウムのポスターに触れておきたい。私が所属する北海道大学アイヌ・先住民研究センターでは、公開講座や不定期の講演会など、一般市民に向けた研究成果還元の行事のポス

「記号化される先住民／女性／子ども」ポスター

ターを作るに当たって、（少なくとも私が関わる時には）アイヌ文様とか過去のアイヌ民族の写真は、あえてデザインに含めないようにしてきた。アイヌといえば「独特の文様」だとか「昔の人」という見方が固定されることを避けた方が良いだろうということで、同僚たちと相談して、そのようなものをなるべく避けてきたのである。

しかし今回のポスターは、三つほどあったデザイン案の中から、あえて木彫りのクマを使っているものを選んだ。今回のテーマは「記号化」だったからである。

後にも触れるが、アイヌとクマはセットのように、あるいはクマと同一視して語られることが多い。このような事例は後述するように文献にも見えるし、家族も、私自身も見聞きすることがある

（余談だが、和人［いわゆる「日本人」のこと。日本国内の民族的なマジョリティを指す］研究者から「クマちゃん」と呼ばれたり、「お前はまるきりクマだな」と言いながら金太郎のようにまたがられたこともある）。

ということで、物や言葉を媒介して固定化されたイメージを扱う今回のテーマにふさわしかろうと思い、（本シンポジウムの企画者の）石原真衣さんと相談してこのデザインにした。

クマとの同一視でもわかる通り、アイヌについての表象は晴れがましいというより、微妙なものが多い。私事で恐縮だが、私はマスクを下ろすと髯が生えている。アイヌと髯も定番の組み合わせとなっており、観光用の商品やポスターのデザイン等にも頻出する（もう一つは美女である）。私が髭を生やしていると「しきたりに従っている」とか「無理にアイヌを強調している」など、妙な深読みをされることがある。また、私が育ってきた七〇年代後半から九〇年代までのメディアでは、例えば泥棒をキャラクター化する時に黒ひげが描いてあるなど、口の周囲を覆う髯は「粗野」、「悪人」など、どちらかというとネガティブな意味と関連づけられていることが多かったように思う。そういうこともあってか、髯に対する風当たりは強い。中でも、差別に苦しんできたアイヌからの拒絶が最も強い。

このように、当のアイヌが意識しようとすまいと、日々を過ごす中で他者から何らかの意味を被せられたり読み取られたりすることはついて回る。今日、アイヌを巡って語られるイメージのパターンと影響、文化振興のみに特化したアイヌ施策がこの問題にどのように影響するかについて考えてみたい。

心のバリアフリーと社会モデル

ここからは「神秘と癒し」をキーワードに話を進めたい。それに先立って、アイヌ文化振興の展望と現状についてお話しし、次いで、そのなかでのアイヌのイメージを見ていくこととしたい。

私がこのところ注目しているのは、「心のバリアフリー」という言葉だ。一般にバリアフリーとは、高齢者や障がい当事者が体験する物理的な障害を改善するような取り組みとしてなされてきた。例えば、建物の廊下の幅を広くするとか、トイレやエレベーターを大きく作るとか、部屋と部屋の間にあるちょっとした段差をなくすことなどだ。かつての障がいに対する取り組みは、困難を感じている人の身体に働きかけたり、サポートをしたりすることでその人の困難を取り除く「医療モデル」にもとづいていた。これらは困難の要因が個人の体にあり、そこに働きかけて個人の身体を、社会の「標準」に近づけるという考え方に立って進められてきたものだ。

それに対して、「バリアフリー」は、社会に困難の要因をみる「社会モデル」が中心になった概念である。

社会には、高齢者やさまざまな障がいの当事者、性的指向などさまざまな属性で少数派《マイノリティ》になる人がおり（そこには女性も含まれる）、制度や人間関係などで困難を感じやすい。社会モデルではそうした困難がマジョリティ中心の社会制度によって生じていると捉え、その解消には、マジョリティの変革こそが必要だと言える。現状では、社会モデルの考え方は一般的にはあまり知られておらず、マジョリティに働きかけるというのはかなり難しいことに感じられる。そのためか、アイヌ関連の施策を見ても、社会モデルに立った取り組みは皆無に近いと感じる。しかし「心のバリアフリー」をめぐっては、行政が主導してマジョリティの意識を変えていくことを強く打ち出しているのが印象的だ。例えば国土交通省が、――恐らく当初はオリンピックが開催されることと関連して多くの外国人が日本にやってくるため、その受け入れを進めるという観点から――「心のバリアフリー」に関する発信をしてきた。

「心のバリアフリー」の中でマイノリティの事例として示される人びとの中には、高齢者や障がい当事者の他に、例えば左ききの人や外国人も挙がっている。

個人的な体験だが、前職はアイヌ民族博物館というところに勤めており、そこでは工作などの実践をするいろいろな体験学習を行ってきた。そうした学習の際に左利きの人には左利き用のナイフが必要だということをそこで初めて学んだ。アイヌ民族博物館では左利き用のナイフを常に複数用意して、体験学習に先立って左利きの参加者に手を挙げてもらい、左利き用のナイフをセッティングしていた。私自身はずっと右利きで生活してきて、苦労を感じたことがなかったが、それは自分がたまたま多数派《マジョリティ》（＝右利き）だったためだったのだ。こういうところにも、社会に参画するための障壁がある。しかしそれは左利きの人に向けた配慮やインフラが用意されていれば、かなり解消することができると実感した。

このように「心のバリアフリー」は、これまでのバリアフリー概念よりも、幅広いマイノリティが対象とされている。ただ、いくつかのパンフレットを見ていく中で、民族性や、いわゆる人種は対象に入っていないし、ジェンダーの視点も入っていないということを、課題として感じた。そこで、「心のバリアフリー」を、アイヌ民族政策などとうまく繋いでいくことが、私たちの今後の仕事になるのではないかと思っている。

昨今、アイヌ政策や、国内の危機言語――奄美語や琉球の諸語、八丈語などの話者が減少している言語――に関する取り組みなども進められているが、こういう分野では、社会モデルはまだまだ導入の前段階にあると感じる。現在行われている具体的な取り組みとしては、例えば地域言語を振興する、方言を勉強する機会をつくるとか教材をつくる、言語に限らずさまざまな文化を振興するといった、その言語を話してきた地域の取り組みを支援する形で進められる事例が多い。また、二〇一九年に成立したアイヌ施策推進法においても、市町村が交付金を受けて、文化振興や普及の取り組みができる制度が新設された。しかしこれも、地域でのアイヌ文化などに特化した取り組みや計画がまずあって、それに対する支援が中心になっている。国全体として、マジョリティ中心の社会を見直し、必要に応じて変化を促すという視点に立った取り組みはこれからの課題だと思われる。

アイヌ文化の「魅力」発信

文化振興の事業を「内向き」「外向き」に区分した場合、現在取り組まれている事業の多くはいわゆる「外向き」のものだ。アイヌ民族の外に向かってアイヌの認知度を高めるために、アイヌの文化に触れる文化体験の機会を設けるもので、政策全体の中ではこの比率が非常に高い。そこで使われる典型的な表現が、「アイヌ文化の魅力発信」である。誰にとっての魅力なのかといえば、（アイヌ自身が感じる自文化の魅力と重なるところはもちろんあるだろうが、）もっぱら外向きで、外からアイヌを眺める人々に向けて提案されている。

これに対し内向きとはアイヌに向けた取り組みである。外向きの発信内容と同様に、アイヌにも自民族に対する基礎的な情報も必要だが、何より「アイヌ」という言葉に触れるための心理的な障壁を除かなければならない。なぜなら、文化的な回復をめざす試みがなされたとしても、差別や偏見があることによって、その場に足が向かないというアイヌ民族の当事者が少なくないからである。

私には故人を含め三〇人ほどのアイヌの親戚がいる。そのうち、対外的に「アイヌである」と表明し文化復興などに参画してきたのは、母と私の二人だけである（なお、これは、和人とアイヌが混住するようになってから生まれた世代の数である。それより上の世代は、そもそもアイヌと和人の住んでいる地域が離れているので、和人とかアイヌであることを表明するまでもなかったのだ）。他の親戚が民族性を表明せず、文化的な活動にも関わらないのはなぜかというと、やはり心理的な要因が大きく関わっている。祖母も祖母の妹も、その子どもたちも、被差別体験が人生を変えてしまい、アイヌについて尋ねても容易に語ってくれなかった。私の世代が文化の取り戻しを試みても、祖父母の代が負った傷がそれを阻んでいる。文化的な回復には、心理的な回復が必須なのだ。そのためには、和人による植民地化や文化・生活の破壊が、歴史的な不正義であると社会全体が理解することが重要である。文化振興は人々の思いや歴史に向き合った取り組みと両輪で進めなければ、そこにアイヌ民族自身が近寄れない現状は変わらず、文化的な回復は望めない。

祖母や親たちが苦しんだのは表象だけでなく直接的な差別言動でもあるが、そうした和人の言動も表象に端を発しているものがあると考えられる。本書で「フィクションの暴力とジェンダー」を執筆している内藤千珠子氏の著書を元に、問題の概要を見ておきたい。内藤氏は、明治期半ばの言説、特に日清戦争の前後における北海道とアイヌの描かれ方を分析した中で次のように述べている。

アイヌが暮らしてきた北海道は「開拓」を待つ無人の大地として「我帝国の宝庫」と表現された。また、坪井正五郎や関場不二彦といった和人の人類学者・医学者は、滅亡のイメージをアイヌに繰り返し付与した。彼らは滅亡の要因を、アイヌが「文明」に適応できない、すなわち進化に対応できないことに求める。あるいは滅亡は、アイヌが自然との闘いに敗れた結果であり、それはアイヌの「貧困」や「不衛生」など、伝染病の蔓延を引き起こしやすい生活環境や慣習、遺伝的な特質などアイヌ自身の「本質」によって起きたものとする論調もあった。同じような言説は、琉球や朝鮮、中国など、和人の外側に置かれた人々にも向けられた。周縁化された人々の貧困は、強い意志や才覚を欠き、経済的に向上する意思が欠如しているために起きるものとして、当人の問題と見なされた。さらに栄養や衛生環境の欠如から、貧困層が病を媒介して社会に蔓延させる根源であるかのように、批判が向けられた（内藤 二〇〇五）。

互いに隣接してくらしながら、和人以外の住民だけが一様に不衛生で流行病に罹患・重症化しやすい、などとは、根拠のない主張である。内藤氏も指摘するように、当時の和人もヨーロッパ人からは「不潔」で罹患しやすく「頑愚」なために合理的な治療に応じないと見られていたのである。

また、和人の圧迫に対し、アイヌによる組織的な抵抗が見られないのは、不可視化・常態化した「殖民暴力」（中村 二〇一八）の結果である。そのことに言及せず、アイヌは「従順にして気概」がない民族だと述べることで、和人は自らの加害の歴史を否認することができる。「滅亡」はアイヌ自身が招くものとする論理は、多くの矛盾を含みながらも医師や研究者の「科学的」権威を伴って広められた。

和人による報道も、和人の移住がアイヌの生活と衝突した（アイヌの生活を圧迫した）ことを深く追求せず、アイヌが従順で山林の中にクマとともに入っていったとして、アイヌの排除を既定の事実として描くに留まった。そして、「滅亡」に関する研究者の言説を引きつつ、アイヌに対する「憐み」や「保護」を論じた。

こうして、和人の入植によって生じた問題を「アイヌ（の）問題」とし、さらにアイヌを古代に結びつけ過去のものとすることで、疚しさを感じさせる状況から一定の距離を置きながら語る素地が作られた。また、「問題」を抱えるアイヌを教え導き生活を改良するという発想は、植民地主義的な上からの暴力的介入を善意の美談に作り替え、アイヌに恩恵を与えたという感覚が和人に醸成されていった。今日では貧困や依存症その他の健康問題も、あるいは暴力の問題も、社会モデルで捉える見方が広まりつつある。とはいえ、当時も今も、周縁化された人々の多くは、自己責任的論理によって蔑まれ、しばしば憐みを向けられながらも社会から切り離され、取り残されている。

アイヌに対し差別的に振舞う人々は、その一方で実際のアイヌをほとんど知らない。近代の前後に論じられた差異や劣性、滅亡の言説は、因果関係を捏造したり転倒して形成されたものだが、その過程は隠蔽・忘却され、負のイメージだけが和人社会で継承されている。その表象に影響されて、さまざまな形で差別意識が発露するとき、アイヌも和人が持つスティグマを内面化してしまう。これもまた歴史的経緯の隠蔽・忘却によって反論の機会が奪われているためである。

従って、現状で求められる施策は「魅力発信」ではなかろう。「いろいろあったが、アイヌ文化のここは評価できる」などという姿勢に立った施策では、加害を見ないことにしてきた歴史から、さらに目を背ける「二重の見ないふり」にしかならない。先に見た過程と加害性を、和人・アイヌの双方が知ることによってしか、暴力からの脱却と被害の回復は始まらぬはずである。

ところで、アイヌ施策は、民族共生を視野に含む（はずの）ものだが、民族共生についてはどのような議論があるだろうか。ここでは『共生の内実』（植田・山下編 二〇一一）という本から、いくつかの論点を紹介したい。

まず植田晃次氏より、「民族共生」という言葉のポジティブな響きによって、これを唱えるうちに様々な問題が解決したような気分が生じてしまうことが指摘されている（植田・山下編 二〇一一）。植田氏によれば、民族共生に先行して、「国際化」とか「国際理解」という言葉が前向きな言葉として使われた時期があった。しかし、国際化の具体的な検討・推進は思うように進まず、内実が伴わずに言葉だけが先行していった。そうすると言葉がだんだん風化していくので、「真の」を冠して「真の国際化」を進めるんだと言われるようになった。しかしこれもやがて使い古され、二〇〇〇年代に入るころからは、「共生」という言葉がさかんに使われるようになってきたという。

共生とは、異なった種の生物同士がお互いにメリットを共有して生活しているところから、比喩的に使われている言葉である。同書が指摘するように、交流と称するものの実態は、双方向的なものというより一方の、往々にして少数派の方の、目につきやすいエスニックな文化の一部を消費することである。しかし、共生というポジティブな言葉を用いることで、安易な「異文化理解」や「交流」が繰り返されている事態が覆い隠されてしまう。

同書において、リリアン・テルミ・ハタノ氏も、同じ指摘をより具体的に展開している。九〇年代から、在日韓国人や在日ブラジル人との「異文化交流」がさかんに行われるようになってきたが、ここでは三つのf、すなわちファッション（fashion）、フード（food）、フェスティバル（festival）に特化したイベントがたいへん多く見られる、という。さらに、例えばカーニバルのダンスは、全てのブラジル人が共有している文化ではないが、和人主催者の求めによって、イベントのためにわざわざ習得して披露するというケースもあるという。社会に流布している表象に合わせて振舞うよう当事者に求めることを、交流などと呼べようか。

松尾知明氏はアメリカの多文化教育でも同じような問題があることを述べている（松尾二〇〇七）。六〇年代に始まったアメリカ国内の多文化教育は公民権運動に端を発しているということで、もともとは民族集団同士の葛藤を解消していくという関心で始まったものが、だんだんマジョリティ側の論理に取り組まれていった。そうして特徴的な食べ物とか民族衣装、祝祭などの紹介を中心とした取り組みに移行していったということだ。九〇年代になると反論が起こって、本質的な異文化・異民族の取り上げ方に対し修正が求められるようになったという。アメリカの七〇年代、八〇年代の多文化教育の問題が、九〇年代以降の日本国内の異文化交流にも共通して見られるのだ。

ハタノ氏は、「多文化共生」といういかにも前向きな柔らかい言葉は、マイノリティから発せられたものではないと指摘する。マイノリティからの切実な申し立てに対し、マジョリティがやんわりと論点をずらしながら応じる形で提示されてきたのが「共生」であるという。マイノリティの要請の多くは受け流され、マイノリティ側がホスト役として、ゲスト（マジョリティ）に歌ったり踊ったりしてみせて、多文化共生の良さ――社会に多様な人々がいると、こんなに楽しいですよ、ということ――をアピールすることが共生の実践とされている。

「共生イベント」はだいたい半日くらいで終わり、一日がかりのイベントだと午前二回のステージ、午後二回のステージで、クイズ大会とかファッション・ショーなどがある。こういうものが一定の時間マジョリティに提供されたところで多文化共生という舞台の幕が下りるのだという。辛辣で、実に的確な指摘である。幕が開いて幕が下りるという、初めと終わりがあるその間だけ他者に付き合うことが、日本の「多文化共生」の現状だということだ。

これらの指摘はアイヌをめぐる状況とも驚くほど重なっている。以下に見るように、アイヌ文化の復興・普及事業も、特定の表象の再生産と消費に終始している。

「深い精神性」とは何か？

二〇一九年に新しい法律（「アイヌ文化の振興並びにアイヌの伝統等に関する知識の普及及び啓発に関する法律」）が成立し、二〇二〇年に民族共生象徴空間（ウポポイ）が白老町にオープンした。またアイヌ民族を取り上げたマンガなどが人気を博したこともあり、アイヌに関連した商品も増加している。事務用品などにアイヌ文様をあしらったものであるとか、食品や生活雑貨にアイヌ語で名前を付けたものであるとか、まるで昭和三〇年〜四〇年代の再現のようである。その頃に北海道観光ブームがあり、アイヌ語の入った暖簾やアイヌの男女（髭の生えた男性と美女）を描いたタペストリーなどが作られたり、ちょっとしたキーホルダーやバッグにアイヌ文様をプリントした物が作られたりした。中高年のアイヌ関係者は、その状況を思い出しているのではないかと思う。

宗教について学んできた立場から特に気になるのは、神秘的な描かれ方というのか、マジカルな語られ方、それから癒しの文脈でアイヌについて言及されることが多いということだ。和人向け、あるいは外国人旅行者向けに提供される「魅力」は、例えば精神性であったり、神秘性であったり、自然との調和とか癒し、というキーワードで語られることが多い。「深い精神性」などという言葉が、アイヌ文化の枕詞としてよく使われるが、言葉の具体的な中身に踏み込んで語られることはなく、とにかく精神性が高いのだ、と繰り返される。これは「聖化」と呼ばれる差別の一類型であり、野蛮・未開視の裏返しでもある。つまり、近代以来アイヌに賦与されてきたイメージの変種である。

アイヌ文化と、周囲の文化との比較を通じて気づくのは、いま言ったような精神性や自然との折り合いの付け方については、ほとんどのものが和人や他の民族の文化にも見られるということだ。植生や生息する動物など環境に応じて個性があることはもちろんだが、狩猟も採集も、和人だけではなく、さらに広く様々な文化にも見られる。精神文化についても、例えば、自然の事物を擬人化して信仰の対象とすることは広く見られる。動植物だけでなく、火や水、風、雷などを神格化する例も世界中にある。ところが「全てのものに神を見出す」精神性は、アイヌの独自性として強調されがちである。中には「アイヌの伝統」を謳いながら、聞いたことのない内容が語られていることもある。

例えば、ハスカップ（和名クロミノウグイスカグラ）という木の実がある。北海道に自生する植物なのでアイヌも伝統的に食べてきたものだが、これに「アイヌ民族が不老長寿の秘薬として利用してきた」という説明が付けられていることがある。調べてみると、いまだにハスカップを混ぜ込んだ飴やハスカップそのものの通信販売の商品紹介のサイトに、「不老長寿の秘薬」と書かれているものが多々ある。同様の売り文句は、ギョウジャニンニクなど、他の山菜にも付されることがある。天然の植物であり、自然と一体視されるアイヌが利用してきたことが「現代人」の体を癒すイメージに結びつくのだろうか。ただ、少なくともアイヌ社会ではそういうことは言われたことがないし長寿はともかく、不老に価値を置く言説そのものが聞きなれない。アイヌに対する固定的なイメージから、事実無根と思われる売り文句が派生し、神秘や癒しのイメージとして消費されていることは、非常に問題があると思われる。しかし、こうした風潮は、アイヌ文化の「魅力発信」と高い親和性を持ち、さまざまな場面に現れる。

文様——共通性と独自性

もう一つ、アイヌ文化を神秘化して消費する典型として、アイヌ文様を取り上げてみよう。ここでも、アイヌ文様の「独自性」が定型句として語られる。文様の例として必ず挙げられるのが「トゲ」と「渦巻き」で、アイヌ文様はこれを基調とした独自のものと説明される。

「トゲ」とされる文様を二つ組み合わせると、にゅっとしたひし形のようになり、これをたくさん並べると網目模様のようになる。横に並べたり縦に並べたりところどころ間引くことによって、図の右下のような複雑な文様になる。この複雑な文様も、元々は小さなカーブの連なりからできている。そして、右上中央の網目が三つ並んだようなこの文様は、日本で手ぬぐいなどいろいろなところに使われる、いわゆる「和文様」のうちの網目文様としても知られているものである。同じ文様は、七世紀の敦煌の壁画においても、仏画の光背に用いられている。このように、この文様は多

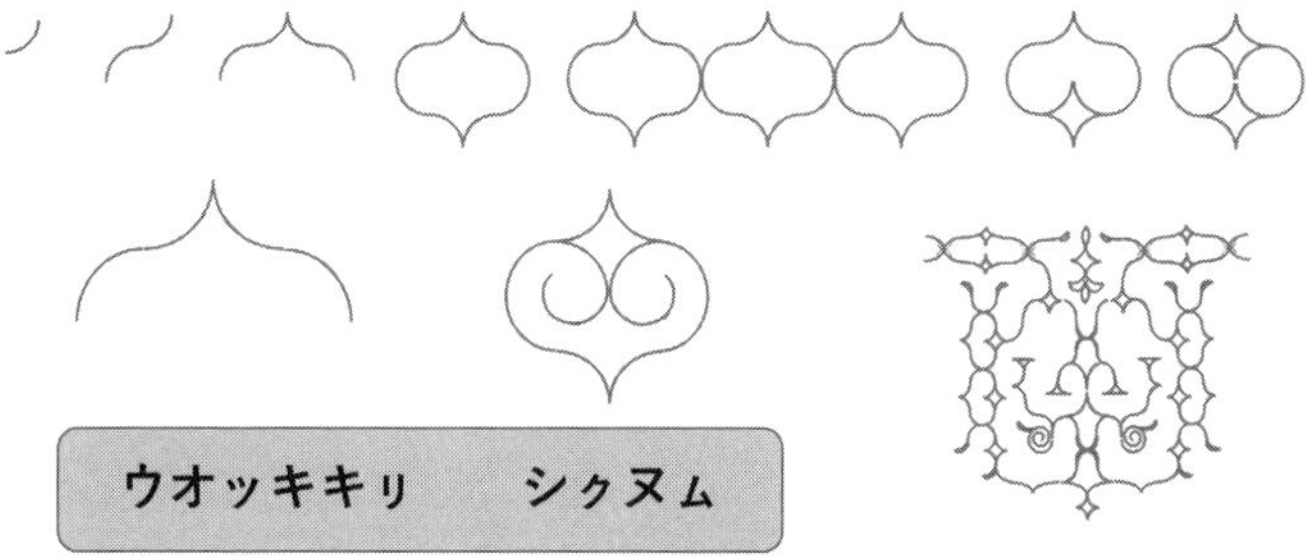

アイヌ文様

くの文化で好まれてきたもので、アイヌの「独自性」を過度に強調することは実態と合わない。思うに「独自」の二文字は商品の付加価値のために求められているのであって、アイヌ文化の尊重とは無関係なのだろう。

同じく、アイヌ文様のセールスポイントとされるのが、魔除けなどの神秘的な意味である。例えば「尖ったところはトゲを象徴していて魔物を追い払うのだ、だから衣服の襟まわりとか袖まわりなど魔物が入ってきやすいところにこういう文様がたくさん配置されていて、それによって魔物を遠ざけるのだ」と言われる。また、渦巻きの模様は「この渦巻きの中に魔物が迷い込んで、真中に達したところで渦巻きの底に沈められて死ぬのだ」などなど、ネット上には、研究者もびっくりするような解釈がごく常識のように流布している。

こうしたマジカルな意味づけは、伝承や資料によってどれくらい跡付けられるのか。研究史を調べてみると、実はこうしたことが言われ始めたのは一九六〇年代だということがわかった（北原 二〇一八）。力道山の死やカラーテレビの普及と重なる時期に、アイヌ文様を魔除けとする言説が流布するようになった。これも北海道観光ブームの頃である。

　文様を、形の類似するいろいろなものに見立てて文様に名前をつけることは珍しくない。例えば、先に見たとがった文様をトゲと呼ぶ事例は、北海道の太平洋側の地域によく見られる。いっぽう、北海道北東部の美幌町では、同じ曲線の上がるところはリキン（のぼる）、下りる方はラン（おりる）と呼ばれてきた。やや西の旭川市周辺では、同じ文様をウォッキキㇼと呼ぶ。ウォッキキㇼとは「引っ掛かった（つながった）虫」という意味である。この形を、尺取虫が二匹ぐにゅっとつながった姿に見立てているのだ。虫が苦手な方は一気にイメージが悪くなったかもしれない。私は可愛くていいな、と思うのだが。

　それから、渦巻き文様のことを美幌町ではシㇰヌㇺ（目玉）と呼んでいる。南の方ではモレウ（緩いカーブ）という言葉をよく使う。このように、同じ文様に全く違う見立てをし、非常に多様な伝承がある。

　文様の起源についても、木の皮がはがれて、下の虫食いの跡が露出したのが綺麗に見えたので、それをデザイン化したのだ、などいろいろな説がある。しかし、魔除けを起源とするという伝承はない。道南の一人の語り手が、魔除けとして用いるとの証言をしているが、むしろアイヌ社会の中では特に意味付けをしないか、違う意味付けをすることが多い。しかしそうした多様な伝承は切り捨てられ、どこの地域に行っても「この文様はトゲ」、「この文様は渦巻き」で「魔除けを意味する」という画一的な説明になってしまっている。非常に残念なことだが、それだけではなく、問題はこうした変化が、イメージを消費する者（和人）の目を意識して起こっていると考えられることだ。なぜこうした言説が用いられるかといえば、アイヌに神秘性／未開性を期待する人々に応えるためだろう。社会の偏った期待はアイヌに特定の役割を押し付けることになり、またそれに応じるアイヌは、文化の維持における主体性を放棄することになる。ウポポイのような内向き・外向きの教育機能を担う施設でも、売店では当然のように「魔除け」の説明がされているし、他の国立博物館でもそのような動きがある。アイヌ・和人を含め研究者にとっても、アイヌを「好意的に見る」ことと「好奇の目で見る」ことの境界は曖昧なのだ。

誰に都合のいい恋愛物語？

最後に、創作作品におけるアイヌの描かれ方、特に恋愛と死について触れたい。

和人がアイヌを描く創作作品では、アイヌは滅びゆく者として、また素朴な者として描かれることが多い。また、恋愛の主題が頻出し、最後にはアイヌが悲劇的な死を迎える展開がパターン化している。そこに神秘的なイメージが重なって、魔法のような術（神や精霊を使役することも含め）が使えるキャラクターとして描かれることも多い。ここでは、滅亡のイメージと、女性の描かれ方を中心に例を挙げてみよう。

『北の零年』（二〇〇四年・東映）は、明治期の和人の入植を主題とした作品である。入植地は無人の荒野として描かれるが「森の中」でアイヌの少年や老人に出会う場面がある。森に入り、和人の入植とはバッティングしないアイヌのイメージがここでも反復される。

入植者は荒れ地を前に茫然とするが、老人はそこで悠々と狩猟をし、動物をしとめるや周囲に構わず祈りを始める。その姿は、入植者や視聴者の目には、恐ろしい異世界で超然と生きる神秘的な人物に映るだろう。老人は片言だが日本語を話し、和人社会から逃走してきた男をかくまって、その心を癒す（こうした展開は、二〇〇〇年頃までのマンガ作品などにもくり返し用いられてきた）。そして老人は、男と共に入植者の生活を助ける。その理由は語られないが、視る者には、老人が入植を了解したと受け取られるだろう。実際に、入植者がアイヌから助けられたという証言は多いが、アイヌには入植者への善意に対して善意が返ってこなかった記憶が生々しく残っている。接触の友好的な場面だけを切り出すことで、入植による軋轢やアイヌへの迫害が不可視化される点は、あたかも、アメリカにおけるサンクスギビングでの入植者とネイティブアメリカンの物語のようである。また、老人が話す片言の日本語は、見る者に老人の素朴さを感じさせるが、それは近代社会にはそぐわない幼稚さ、愚かさのイメージをも喚起する。作品の後半に挿入される入植者母娘や和人の男と老人の団欒の場面では、老人は酩酊して子どもと踊り、その光景を母と和人の男が微笑みながら見つめる。大人たちも酒を飲んでいるが、老人とは対比的な理性と慈愛をたたえた表情で、テラスの上から子どもと老人を眺める。純朴だが近代社会には適応できない、そして競争の中で劣勢に立たされ民族として存続することができない、そんなアイヌの「運命」を仕方のないこととして暗示されながらも入植者たちはアイヌを「受け入れ」、思いやりの心を向ける。「誰が悪いのでもなかった」。それがこのシーンに込められたメッセージであろう。前半では、アイヌに他者を受け入れ、癒す役割が充てられていたが、後半では滅亡するアイヌを入植者が暖かい目で眺める。この演出によって、入植者の責任は溶けてなくなるのである。

映画やドラマ、歌謡曲に登場するアイヌ女性はしばしば情熱的・積極的な人物として描かれる。積極的であることは、男性視聴者の関心を引く演出にもつながっているのだろうが、西欧的価値観を取り入れ、女性を「母」と「娼婦」に二元化した近代日本社会では、このような女性は決して好意的には見られなかった。そこでは、つつましく受け身の女性が母（家庭に入ることができる女）とされ、積極的な女性は、欲望の対象となることはあっても、あるべき女性の像からは外れる者とされた。

そのように女性を描いたものとして、例えば『君の名は』という作品——学生にこの作品名を言うと、全員が二〇一六年のアニメ映画を思い浮かべるが、そちらではなく中高年にお馴染みの方（一九五三年・松竹）——、その第二部にアイヌの女性が出てくる。ユミというアイヌの女性は若者サムロと許嫁の関係にある（サムロはアイヌ語風の名を意図したものであろう。これは戦後を舞台とした映画なので、実際にはアイヌ語名を名乗っている若者はいない。こうしたところに、アイヌ社会の現実（＝日本による抑圧）を無視したエキゾチックな演出がある）。ユミはその許嫁を捨てて、主人公の和人青年との恋に走ってしまう（「神の湖」のほとりで肉体関係を迫る。神の前での誓いを破ると神罰が下る、のだそうだ）、そしてその恋は成就せず、失望して「コタン祭り」の晩に摩周湖に身を投げてしまう。この「コタン祭り」とは何だろうか。この頃には、既に多くの地域で在来の祭礼は行われていなかったが、作中のアイヌ社会では、今でもこうした祭りが行われていることになっている。ともかく、女性はその晩摩周湖に身を投げ、許嫁だった若者も彼女を助けようとして死んでしまう。

もうひとつ、北海道一五〇年を記念して松浦武四郎をモデルにしたテレビドラマ『永遠のニシパ　北海道と名付けた男　松浦武四郎』が二〇一九年に制作・放映された。舞台は幕末の北海道で、ヒロインのアイヌ女性は、和人の労働者に強姦されて妊娠し、子どもを産んで育てている。女性の夫は、女性が強姦されて子どもを生んだことを知り自死した。そこに松浦武四郎がやってくる。武四郎は、和人であっても松前藩や、藩から交易を請け負っている商人とは立場が異なり、非常に紳士的な心優しい人物として描かれる。ヒロインの子どもも武四郎になつき、ヒロインも心を開いて、武四郎を「いいシサㇺ（和人）」と呼ぶ。次第に両者がひかれ合い、ヒロインは武四郎に留まる（夫となる）よう求める。詳細は割愛するが、武四郎にはやりとげねばならない任務があるため、この恋は実らない。作中では、武四郎は松前藩にとって不都合な実情を暴く者として藩と緊張関係にあるため、常に命を狙われている。作品のクライマックスで、武四郎が殺されそうになった時、ヒロインのアイヌ女性が武四郎をかばって犠牲になる。武四郎はヒロインの息子（混血児として描かれる）と江戸にもどる。やがて日本語と学問を身につけた少年は、アイヌと和人の懸け橋となる意思を持って北海道に戻る。

二つの作品が作られた時期は七〇年近く離れているが、アイヌ女性が性的に魅力的で欲望されるものとして描かれること、和人の男性と恋に落ちるがその恋は実らず、女性が非業の死を遂げるなど、多くの点で共通している（マイノリティ女性の性や死が非常に軽く、演出の小道具のように扱われていることには閉口する）。

海外の小説や映画にも、入植者と先住民、ヨーロッパ系とアフリカ系など、異人種・異民族の恋愛は、悲劇的な死に結びつく作品が目につく（こうした作品で恋愛が成就するとすれば、それはマイノリティとして登場するヒロイン／ヒーローが本来はマジョリティに出自を持ち、孤児となって異民族に育てられた、といった筋書きになっている場合が多い）。そして、恋愛や性の要素を作品に取りこむことに加え、入植者の中にも紳士的な人物はいるのだ、という印象を与える効果を持つ。入植者男性を女性が受け入れたというストーリーは、入植の受け入れ・肯定の象徴としても働いているのではないだろうか。「かつて入植者と先住民との間に合意が成り立って、でも何かの都合で先住民は死んじゃって、だから今はいないのだ」というストーリーは、作品に彩りを添えつつ先住民の「滅亡」と入植を矛盾なく説明するものとして受け取られているのではないか。

これに関連して、道内各地で「アイヌの悲話」として語られているストーリーを挙げる。ちょっと探して見つかったものだけでもこれだけある。傍線部は、何らかの形で死んでしまったか、あるいは死んでしまったことを匂わせる表現である。

阿寒：男女が悲恋の末、湖に身投げしてマリモに（創作）。

網走：二人の青年から恋われた女性が入水し、白い鳥に（創作）。

佐呂間：ピラオロにはアイヌの乙女が身を投げた悲恋伝説がある。

宗谷：礼文島の青年が抜海の女性と恋仲になり子もできたが去った。女性は子を背負ったまま岩になった（創作？）。

浜益：トミハロ酋長の娘が義経に恋をしてしまい、義経が村を出ていく時、娘は毒を飲んで死んでしまった。

積丹：義経一行は、積丹半島の突端の神威岬で荒波のため難破しそうになった時、義経に思いを寄せ平取から後を追ってきたアイヌの娘チャレンカが、義経の一行を渡らせまいとして岩（立岩）となった。

積丹：満月の夜に義経は舟出し、義経に恋をした酋長の娘シララは岩沿いに追いかけたが荒波にのみこまれ女郎子岩となった。

岩内：酋長チパの娘メヌカは義経に恋をし、それを利用した義経はメヌカを騙し宝物の巻物を盗んで、「来年来る」といって大陸へと渡ってしまった。「らいねん」がまなって雷電という地名になった。メヌカは刀掛岬の近くで投身自殺をした。

乙部町：九郎義経は九郎岳（乙部岳）の山麓にたどり着いた。静御前も義経を追って乙部まで来たが、その時には義経は既に乙部岳を越えていた。義経に会えなかった静御前はついに川に身を投げた。

白老：父親を失った母子の涙がポロト（大湖）とポント（小湖）になった（創作）。

様似：敵から追われた母子が海に入り岩に。それを見て安心した父も海に入り岩に（悲劇化）。

マリモの起源譚は、阿寒に伝わっていたとされている話で、これは創作であることを北海道新聞が二〇一七年に報じている。他の「伝説」にも悲恋の末に身投げして、それが岩になったとかマリモになったという話は非常に多い。

若い女性が死なないのは白老の話だけだが、ただ父親が死ぬ。父親が死んで、残された母子の涙がポロト（今ウポポイがあるところの湖）と、それから山陰にあるポントという湖になった、ということだ。これも創作である。他はすべて悲恋の末に身投げしたり、毒を飲んで死ぬような結末である。あまりにも「身を投げすぎ」、「死に過ぎ」である。すべての伝説について成立過程を検証したわけではないが、場面や人物は異なってもストーリーが典型的なパターンに回収されており、どの程度実際の伝説を踏まえているか、そもそも元になる伝説があったのか、かなり疑わしいと感じる。義経や頼朝に縁のあった女性が、身投げする話は本州にもあり、これらが持ち込まれた可能性もある。

ここで注意したいのは、こういう伝説は誰が誰に話すのか、いつのことなのか、ストーリー中の役柄はどうなっているのか、ということである。死ぬのは主に女性で、そして（例えば義経のように）余所の社会からやってきた者と現地の娘が恋に落ち、その恋は成り立たなくて娘は死ぬ、男性はどこかに去っていく、というパターンになっている。それらはすべて古代や具体的な年代は設定されない「昔の話」として語られる。去年の話などではない。「昔、こういう悲しい話があったんです」と語られるわけである。アイヌ民族が働く観光地を除けば、多くは和人のガイドが、和人の旅行者に向かって話すものであると思われる。

「昔、アイヌがいたんですよ。そこにはこんな悲しい、でも美しい物語があるんですよ」という語りは、アイヌを過去に位置づけつつ、旅情をかきたてる場面に非常に適したストーリーになっている。かつての北海道では、アイヌ語を身につけずに一人旅をすることは不可能だった。ところが、今日ではどんなことでも日本語で済ますことができ、ゲストもホストの大方も和人である。この状況に疑問をいだかせない仕掛けが、過去の物語というスタイルである。

おわりに

ここでもう一度内藤氏の論を引きたい。内藤氏は、日清戦争後の文学作品三篇を例に引きながら、文学においてもやはりアイヌの「滅亡」を過去に完結したこととして語り、またアイヌが女性ジェンダー化される傾向があると指摘する。アイヌの滅亡を過去に位置づけることで、和人読者は、自分が加害者に属するのか、加害の歴史は今日につながっているのではないか、という不安を感じずに済む。それに加え、作中にアイヌの明確な敵を仮想し、一方でアイヌを救済する真の人間性を持った人物を登場させることも多い。アイヌを迫害する者を悪魔化し、その対極に救済者が描かれることで、読者は後者に同一化することが可能となる。救済者から知を授けられることで、アイヌが社会的に上昇する様子を描くものもある。そこでは、その救済者の言葉としてアイヌの「劣性」や、アイヌは「本来日本の民」であるといった歴史観を語らせることで、こうした認識が絶対的なものとして示される。これら複数の仕掛けによって、書き手や読み手は、自己を加害・被害関係から切り離し、アイヌには貧しく弱く滅ぶ者、和人には慈愛を持ち、保護し導き与える者というイメージを定着させる。もう一つこれらの作品に共通するのは、女性を性的欲望の対象として描くこと、その死をストーリーを盛り上げる要素として用いていることである。

こうしてみると、私が取り上げた戦後から近年にかけての事例も、内藤氏が近代の言説について指摘した点を驚くほど踏襲している。一〇〇年以上にわたって「滅び」「未開」「性」のイメージが使いまわされ、それによってアイヌを描き消費することが「好意的な見方」だと誤解されて来た。歴史問題を素通りし、神秘や癒し、エキゾチックな雰囲気をアイヌ文化の「魅力」として発信する施策は、近代以降の差別的な表象や消費と重なり合っていることが理解されねばならない。

【参考文献】
植田晃次・山下仁編　二〇一一『共生の内実』三元社
北原次郎太二〇一八「アイヌ文様は「魔除け」か—衣文化に付随する通説を検証する」『北海道博物館アイヌ民族文化研究センター研究紀要』第3号 https://www.hm.pref.hokkaido.lg.jp/wp-content/uploads/2018/04/bulletin_ACRC_vol3_01_p01_18s.pdf
内藤千珠子二〇〇五『帝国と暗殺　ジェンダーからみる近代日本のメディア編成』新曜社
中村平二〇一八『植民暴力の記憶と日本人—台湾高地先住民と脱植民の運動—』大阪大学出版会
松尾知明二〇〇七「第6章　アメリカ合衆国における多文化教育と『白人性』——『白人性』の脱構築へ向けて」『多文化教育における「日本人性」の実証的研究』平成一六〜一八年度科学研究費補助金（基盤研究（C）（1））

記号化される台湾先住民　日本殖民主義の認識論と透明な殖民者日本人

中村　平

「記号化される台湾先住民」というテーマで、特に日本の殖民主義の認識論から浮かび上がる「透明な殖民者日本人」ということにフォーカスを当てつつ、話を展開したい(1)。

まず本章の主旨を記す。台湾先住民とその脱殖民化への運動を紹介しながら、本書の読者のマジョリティであると思われる日本人に、殖民（地）責任の問題系と、台湾先住民を一方的に記号化し名付けてきた歴史を知っていただきたいと思う。ここでクローズアップされる一つの点が、台湾先住民に対し、殖民地期以後継続して、「〇〇族」という呼称を日本語環境において用いてきた問題である。

現在もまだ探究途上ではあるものの結論を述べれば、殖民者あるいは殖民権力というものは一方

1　認識論（epistemology）とは認識の起源や本質、方法、限界などについて考察する学問であり、知識論とも言われる。

的に台湾住民を分類し認識しつつ、自らを透明化したのである。これは日本殖民主義において「日本」が標準化されていく、ノルム化されていく（後述）ということであり、殖民主義的認識論の問題であると考えている。本章は、拙著『植民暴力の記憶と日本人』（二〇一八年）ならびにその後に重ねた研究成果を濃縮し、表題のテーマに節合するものである。(2)

自己紹介をすると、東京出身の私は一九九〇年代前半、学部時代に北海道大学に在学していた。アイヌと日本内外に関する歴史と文化を深く学びたかったが、当時はアイヌ・先住民研究センターはなく、そういう機会にはあまり恵まれなかった。二一世紀になって関連するセンターができたということでうれしく思っている。

その後一九九〇年代後期に、殖民地統治がどのように捉えられているかという大きな問題意識を持って台湾に留学し、五年間滞在した。修士課程在学中には特に台湾の高地先住民の集落でフィールドワークをし、日本統治世代、特に日本語教育を受けられた方々に、いろいろな話や記憶を聞いてきた。それから縁があり韓国の大学で四年間教えたりして、計一一年ほど海外にいた。現在は広島大学で教育研究に携わって七年目になる。人文学プログラムというところがあり、その「比較日本文化学」という大きなくくりのところで教育研究をしている。担当させていただいている授業は、歴史文化論やポストコロニルの諸テーマ、広島大学ならではの平和科目といったものである。

台湾先住民を誰がどう呼ぶのか

台湾先住民は一九八〇年から九〇年代に、運動によって中国語の「台湾原住民《ユエンジュミン》（族《ズゥ》）」という正式名称を自分たちで選択し、政府と社会に認めさせた。この「正名（正式名称）」（の運動）は、台湾では名称に関する政治的問題として、国家名、民族名、地名、人名などの様々なレベルにおいて存在する。運動によって中華民国憲法を修正するに至ったのだが、私を含めた日本社会は、必ずしもこうした議論や緊迫感を共有してはいない、つまり依然として学びとってはいないだろうことに留意する必要がある。

台湾先住民族運動の背景には、差別され、自分たちが他者から名付けられ、名指しされてきたという歴史があり、それを跳ね返すものとして脱殖民の運動があった。この一〇〇年以上、台湾先住民たちは日本の殖民地支配と中華民国体制のもとで暮らしてきた。第二次世界大戦後の殖民的《コロニアルな》支配については、中華民国の戒厳令が一九八七年まで三八年間にわたって敷かれ、言論や運動が国家暴力によって抑圧され弾圧されてきた歴史を、日本社会は考慮する必要がある。「先住民」をどう

2　本シンポジウムは一般の方々をも対象にしたものということで、詳細な論証については紙幅の関係で省略した部分があるため、それらについては文末の参考文献に示した拙著と諸論文にあたっていただけると幸いである。

呼ぶかについては、ホーロー（福佬）語、台湾語でも差別的な表現があり、日本統治時代前期からは日本語の差別語としての「蕃人」「蕃族」が使われ、中期以降は「高砂族」という名称が導入された（「蕃人」「蕃族」の語が払しょくされ根絶されたわけではない）。戦後の中華民国体制においては「高山族」「山地同胞」と中国語で命名された。同胞とは中華民族・中国人の「同胞」という意味である。[3]台湾先住民も「みな中国人」ということであり、日本統治時代は「みな日本人」という同化の暴力を受けた。自治や政治的権利が認められなかったため、言葉の完全な意味での「同化」ではもちろんない。そういった他者からの主体性の抑圧を跳ね返そうとしてきた力が、脱殖民化であると位置づけられる。[4]二〇一六年八月一日、蔡英文総統は台湾先住民族への過去の殖民主義の不正義について謝罪を行ったが、その具体的な補償と権利の保障の実施への道は、民族自治の問題とも重なって途上にある。[5]

台湾社会において中国語で勝ち取られてきた「台湾原住民（族）」という言葉を、日本語の「原住民」という表記にそのまま替えて良いのかということについて、この間考えてきた。というのも、「原住民」は日本語の文脈では差別的に使われてきた歴史があるからだ。細かく検証はしていないが間違いないだろう。近年、日本語の「原住民」という言葉が台湾の中国語の「原住民」に対して使われているが、やはりこうした日本語環境・言説の歴史を踏まえながら訳していくことが、今後も求められていくと思っている。

現在は一六の先住民族が台湾政府に認められている。政府の先住民族委員会のホームページには、漢字の民族名表記もされている。留意すべきは、二〇〇一年にサオが第一〇番目の民族になって以来、七民族が公認され、この二〇年のあいだ民族が増え続けていることである。これは「正名」の運動という意味合いがあり、これまで人類学と他者・他民族によって分類され命名されてきた歴史への抗議と抵抗が重なっていると見るべきだろう。増え続けているということに関しても複雑な問題があって、民族が政府に公認されなければ民族ではないのかという声も当然人々の間にはあるし、平埔《ピンプー》など政府の公認を待っている民族が（台南）市のレベルでは公認されるなどの状況がある。先住民に相当するのは人口としては五七万人くらいで、台湾総人口の二・四％、圧倒的なマイノリティであり、他はマジョリティとしての漢民族である。

3　一九八八年の「台湾先住民族権利宣言」を学ばれたい（中村 二〇一八）。冒頭の一文が、「台湾先住民族は炎帝や黄帝の子孫ではありません」と中華民族との異質性を強調する。

4　本シンポジウムの質疑応答で、台湾先住民族の間の運動の連帯組織にはいかなるものがあるかという質問を受けたが、政府の先住民族行政を扱う機関（委員会と言う）と先住民族身分の国会議員保障の他に、現時点で恒常的・統一的な民間の制度はない。しかし民族議会は多く作られており、国家の承認を得たくない（得る必要はない）とする独立した意見もある（中村 二〇一八）。また各種問題に直面して民族横断的な組織が即時に作られ、抗議活動を行っている。長老教会（Presbyterian Church）をはじめとするキリスト教会は全国組織を持ち、強く運動に関わっている。

5　台湾において八月一日は先住民族の日である。一九九四年のこの日、「原住民」の語を用いる憲法修正が行われたことを記念している。一九九七年の憲法修正で「原住民族」が採用された。

殖民主義と脱殖民化

現在日本では「植民」という表記が多く使われているが、本章は「殖民」という語を使っている。「殖やす」という意味の殖民が使われてきた歴史を、はっきり想起していただきたいと考えているためだ。戦前には帝国日本の拡大とともに「殖民政策」、「殖民発達」、「殖民統治」というような言葉がたくさん使われた。内地で発行された雑誌に『殖民時報』というものもある。世紀の転換期のものだが、殖民が推し進められるべきものとして悪いイメージがなかった、という歴史が明らかにうかがえる。殖民主義の清算を戦後日本社会が行ってきていないので、そうした歴史を多くの方が忘れてしまっていること、すなわちそうした歴史をきちんと学んできていないことが、日本の教育を受けてきた私自身と日本社会にあるように思う。

北海道の歴史を見ても、開拓と共に殖民という言葉はたくさん使われてきた。[6] 桑原真人の研究（一九八二）を参照されたいが、『殖民雑誌』という雑誌もあり、北海道庁の中にも殖民という名前を冠した部署があった。[7] ひいては『北海道殖民の栞《しおり》』などもある。[8]『殖民時報』（一八九三–一九〇二年頃）は「殖民協会」の発行で、殖民事業への「輿論を作興」し奨励し、海外探検の実況を報告して、国内の人々の注意を喚起しようとした雑誌である（殖民協会設立趣意書）。[9] このように殖民を推奨してきた帝国日本の歴史を、いま一度思い返していただきたいと思う。「殖民」は、後

写真１　『殖民時報』

6　中央政府においては、「拓殖務省」（一八九六－九七年）が台湾と北海道の政務を扱い、その後「拓殖局」が一九一〇年に設置され（樺太・関東州・朝鮮との関連）、二九年に「拓務省」となり、四二年に「大東亜省」設置により解体吸収された（秦編 二〇〇一）。

7　『殖民雑誌』は殖民雑誌社（一八八九年）発行。北海道廳内務部殖民課編『北海道殖民圖解』（一八九五年）、北海道庁殖民部拓殖課編『北海道殖民状況報文』（一八九八－一九〇一年）など。同じく道庁殖民部拓殖課から発行された『殖民公報』（一九〇一－二一年）は、二八号から第五部殖民課、三八号から第五部、五七号は拓殖課、五八号より拓殖部から発行されていた（榎本 二〇〇九も参照）。

8　北海道廳殖民課編（出版年不明）。

9　本雑誌名以前は『殖民協会報告』である。児玉 一九八七も参照。

ほど触れる近代化の問題とも関わるが、「殖やす」ということである。人口の増加が国力の増強につながるということで、厚生省も日中戦争下において「産めよ　殖やせよ　国の為」と言ったことは周知のとおりである。この殖民主義《コロニアリズム》の生産主義については資本主義に関わり、近代国家にある程度共通する問題であると考えられる。

二つの殖民／植民、それから移民について、その語の変遷を含め日本近代史を分析されている方もいるが、結局、明確な定義と線引きはなし得ないようである（渡部 二〇〇六、塩出 二〇一五）。国策として殖民や移民を勧めるということと、一人で勝手に入植するという違いはあるだろうが、その中間状態をどの段階で区切るかは複雑であり、研究者も手を焼いている問題である。むしろ我々にとっての問題は、殖民主義という力の働きをいかに見据えることであり、些細な分類論ではないのではないか。

今日よく使われている殖民主義や脱殖民化という言葉についても、説明しておきたい。これは基本的には、英語の colonialism と decolonization と対応させて私は使っている。中国・韓国・台湾などでは「地」を入れず、「殖民主義」「식민주의」という言葉を使う。殖民主義とは何かということを一言で言い表すことは難しいが、根幹は他者の主体性を否定することと考えるとすっきりするのではないかと思う。この場合の「他者」というのは、民族としての集合でもあるし、個人間、例えば夫婦間やパートナー間においても発生するような権力関係、パワーバランスとして捉えること

ができる。

民族問題においても、個人間やある集団・階級間においても（例えば大学における学生・寮生などを考えられたい[10]）、決定権の有無において劣位の者を一主体と認めないこと、自治（autonomy）を認めないことが殖民主義であると考えられる。このautonomyの語源はギリシア語のautonomia（自立）という言葉に行きつくが、これを分解すると、自分自身で（auto）自分を治める、統治するということと、法（nomy）ということになる。オートノミーには、慣習法として法（的なもの）を用いて、自分たち自身を統治できているという原義があるようだ。

そうすると脱殖民化は、そうした自治を認めない殖民主義的な力、帝国主義的な力に抗して、他者による主体性の抑圧に対抗していくことであると言える。これが暴力的な衝突にしばしばなってきたことは、世界史でご承知のとおりであるが、台湾ではこうした対抗や抵抗がしばしば「抗暴」と言われる。脱殖民化あるいは脱帝国化ということの根幹は、他者を自治の主体と認めることではないかと考えられる。それと対極の概念は、話し合いを打ち切って戦争や侵略に入っていくことだ。

Decolonizationは「脱植民地化」や「脱植民地主義」などさまざまに訳され、中国語でも「解

10　私は学部生時代に、北海道大学恵迪寮における自治（運動）に身を置き、体育会山スキー部とそのＯＢＯＧ会である山とスキーの会においては、様々な山小屋や共同生活施設の自主運営の一端を担っている。

殖」「去殖民」などの表現がある。「植民地」という言葉を使うと、例えば「北海道は植民地ではないから脱植民地化と言うのはおかしい」などと、議論がずれてしまうような場面に遭遇する。ある地理的空間を植民地と言うかという問題と、人間集団あるいは個人間において殖民主義的な関係があるかどうかということは、重なりつつもずれるところがある。もちろん、比喩的にせよ「○○は植民地である」と言われたり、「女性は最後の植民地」というフランスの研究者の本もある。[11] そうした比喩的な言明の遂行的な力を認識しつつも、そこで「(○○が)植民地かどうか」という論争に入っていくことよりは(それは定義次第ということになる)、「殖民主義的な関係をどう捉えるか」という議論を精緻に行っていく方が生産的であろう。また、殖民(する)という動詞的な問題、行為としての殖民をクローズアップさせるという意味において、更には脱殖民化・殖民主義を、私自身のマジョリティの(殖民する側という)立場性を明確にしつつ使っている。[12]

この脱殖民化については、法的な殖民地が終了する――政治学・国際関係論の「脱植民地化」の用語は宗主国からの独立という意味でよく使われる――という意味だけではなく、より広く個人の内面の問題、精神的な脱殖民化等々という意味を含めて、さまざまに議論が展開されている。それらは継続する殖民主義であり、法的な支配が終わってからも継続する力関係を批判的に捉えるための概念として、decolonization はこれまで世界で多くの研究が蓄積されている(岩崎ほか編 二〇〇五、中村 二〇一八)。殖民主義《コロニアリズム》は基本的には人間集団、個人間の権力関係、あるいは根底にある暴力の問題として設定され、フェミニズムや先住民族運動、マイノリティ運動、教育学・思想等々で深く論じられている。

例えばニュージーランド、マオリの研究者であるリンダ・トゥヒワイ・スミスの『方法論の脱殖民化』（一九九九年）という、先住民にとっての外来の他者からの研究を厳しく問う本もしばしば参照されているし、台湾ではイサク・アフォという先住民アミの方が『先住民族運動・メディア・記憶：ポストコロニアルの進路とは』など脱殖民化を推し進めるような本を出し（二冊とも未邦訳）、同様の出版物が出されている研究発展の状況がある（中村 二〇一八）。

認識論における記号化

日本の殖民主義の認識論のもとで記号化される台湾先住民という本題に入っていこう。そこで問

11　ブノワット・グルー『最後の植民地』（一九七九）。この表現は正確には、訳者である有吉佐和子とカトリーヌ・カドゥの解釈である（原題はAinsi soit-elle「彼女をかくあらしめ給え」という意味）。また、東琢磨『ヒロシマ独立論』（二〇〇七）が広島について「国内植民都市」と述べている。以上に関わるinterr.al colonialismの議論については、中村（二〇一八）を参照。

12　この議論に密接に関連し、番匠（二〇二〇）は、戦後の北海道史と日本植民地研究のなかで、「植民」をめぐる領域が「植民地問題から切り離されていく」プロセスへの注意を喚起している。

写真2　イサク・アフォ『先住民族運動・メディア・記憶』（2016年）

題になってくるのが、統治や支配がいかにして可能になったかということを考える時に、特に台湾について重要なのは、初期に軍事力・暴力による鎮圧があった、ということである。写真3は、私が台湾高地（桃園市）でフィールドワークをしていた集落から二、三キロのところにあるバロン山の昔の写真――一九一〇年代、「理蕃」五箇年計画という事業で武力鎮圧をしたときの写真――である。[13] 堂々と差別語で『臺灣蕃族寫眞帖』と名付けて、鎮圧後に出版された写真である。「山頂より遠く蕃社（これも差別語）、砲撃準備」と、高らかに鎮圧成功を謳っている。こうした歴史を戦後日本社会は忘れてきた。日中戦争や第二次世界大戦の東南アジアへの侵略などとは異なる、その前史の話である。一九一〇年代に台湾北部山地で鎮圧の暴力が展開された、その主体は日本の軍警

写真3　ガオガン地域を攻撃する日本軍（国立台湾大学図書館蔵）

だったということを、想起し記憶していただきたいと思う。

こうしたむき出しの殖民暴力（colonial violence）の中で、統治と支配を合理化する言説や知が展開していった。ご存知のとおり日清戦争後の一八九五年から五〇年の間、日本による台湾支配があったが、それより二〇年も前の一八七四年に台湾出兵をしている。琉球の漂流民殺害事件がきっかけで日本側がその三年後に出兵しているのだが[14]、要するに明治以降の日本の近代史の中で、殖民主義的・帝国主義的な拡張が行われ台湾を侵略していったのだ（ここで朝鮮半島の殖民化の話は含めていないことに留意されたい）。一九一〇年代の台湾北部山地の掃討戦は、歴史学者によって「植民地戦争」という表現で語られるようにもなっている（近藤 二〇一五）。そうした暴力の展開・鎮圧のあとに統治が展開していくのである。現在、日本では、台湾は親日であるという言説が非常に多く流通しているが、

13　ガオガン地域の歴史については、中村（二〇一八）を参照。

14　台湾では「牡丹社事件」と言われる。ここでの日本軍による虐殺については、中村勝（二〇〇三）を参照。

まずこうした軍事力による攻撃があったことは知っておいていただきたい。

そして統治は長期化していく。反抗も鎮圧され、沈黙させられていき、その結果殖民暴力は不可視化され常態化していく。血を見るような表立っての衝突は減っていくが、日本人化され皇民化されていく事態を「おだやかな暴力」と捉える研究者もいる（中村 二〇二二）。また先住民に対して、「蕃人」「蕃族」と名前を付けて定着させていくことも（認識論的な）暴力の問題だと考えられる。こうした中、「台湾住民とは何者か」という認識論が出てくる。これを人類学的な知の創出とも言うことができ、記号化される台湾先住民の一つの軸となる。

先ほど中華民国体制において現在一六民族が公認されていると述べたが、その分類の知の重要な淵源の一つが、日本統治時代の殖民地人類学の知の創出、認識論にあった。先住民に対してもさまざまに分類が行われ、七「（種）族」や九「族」といった分類が登場し、これがさらに「戸口」という戸籍制度によって定着した（松岡 二〇一四）。中華民国下においてもこのパラダイムが継続し、〇〇族という名称と九族の分類が続いた。先述のとおり、八〇年代以降「自称」によって民族認定運動（正名運動）が起こってくることによって、こうした人類学と国家の結託による知の定着から脱却する動きが始まっているのではないかと思われる。その背後にある力は、自称する知、あるいは「自分たちの歴史は自分たちで書く」という台湾先住民族運動のスローガンに言われるように、主体性を表現する脱殖民の動きである。

日本は先住民に対しては先述のように「蕃人」「蕃族」という言葉で蔑視していたが、後期になると台湾人を「本島人」と呼ぶようになる。漢民族に対しては初期にしばしば「土人」と言っていた（中村 二〇〇一も参照）。第二次世界大戦時には、南洋群島の住民に対して日本人は「土人」の語を使っていた。高砂義勇隊として日本の戦争に参加した台湾先住民の人も、「南洋の土人が…」と私に対して話され、ぎょっとした記憶がある。台湾人を「本島人」と呼んだことは、朝鮮半島に住む人々を「半島人」と呼んでいたことと対になる概念である。これに対して明確な問題意識をもった研究はまだ出ていないようだが、基本的に公式には「台湾人」とか「朝鮮人」という言葉を忌避したわけである。これは第一次世界大戦後のウィルソンの民族自決などの民族独立思想ともからみ合って、独立運動への警戒もあったのではないかと考えられる。今後歴史的な解明が待たれる。

進化の認識論

次に「族」呼称の問題に入っていく。殖民地人類学についての近年の研究で再発見されたのは、伊能嘉矩《かのり》（一八六七－一九二五）という人類学者である。彼は台湾先住民を「種族」という言葉で細かく分類し、近代的な知の分類体系を作った最初期の一人である。伊能の（差別語である）「蕃人」分類には進化論的な色彩があり、西洋人類学の認識論の影響もあった（陳 二〇一四）。大きな世界史と切り離せない問題が、やはり台湾と日本殖民主義の間にもある。例えば伊能は、地理と「蕃人」の「進歩の程度」に関係があるということを『台湾蕃人事情』（一九〇〇年）で書いている（陳 二〇一四：九五）。

台湾蕃人中最も進歩し居る所のものは「ペイポ」族にして次は「スパヨワン」族に属する「パリザリザオ」部「プユマ」及び「アミス」等の蕃族なる可し。此等は多く平地に占居する所の蕃人なり。而して最劣等の位置にあるものは「アタイヤル」族にして此蕃族は悉く深嶺幽谷の中に占居し従いて峻坂険路の障碍は常に交通の不便を伴うを免れず。要するに平地に占居する蕃人は一般に進歩し山地に居住するものは一般に劣等なることは独各蕃族間に於て然るのみならず（後略）（一一二頁）[15]。

平たく言えば、高山の「アタイヤル」は「進歩の程度」が最も低く、平地に近い「諸族」は「進歩の程度」が高い。こうした進化論的な内容が認識され、堂々と出版されていた。文化の差異を進化発展の順序とみなすような分類の認識論が、西洋の人類学周辺諸学に影響を受けつつ帝国日本にも登場したという状況である。

伊能によって確立したパラダイムはその後の認識論の普及と定着に影響を与え、台湾において一九一〇年代には台湾総督府によって七「(種)族」、一九三五年には台北帝国大学によって九「族」という分類がなされた。先住民は基本的に「〇〇族」と呼ばれ、「民族」とは公式に呼ばれていない。先述の通り、殖民地統治を脅かす「民族」という概念は、民族自決主義なども重なって、ネイションにつながりネイション・ステイトを相対化する危険なものとみなされていたと考えられる。私は、「日本人」と「タイヤル族」「ブヌン族」などの語における非対称性をどう捉えたらよいのか、修士課程の頃から考え続けてきたが、この認識論にこそ、日本の殖民主義の不均衡な権力関係が現れているわけである。それは権力関係が言葉に刻み込まれているということだ。以上見てきたように、進化論を背景に持つ殖民統治のなかで普及してきた「族」には政治的権利主体の意味が薄く、それに代わり「民族」にその意味合いが強く付与されてきているが、これが二一世紀前半における日本語の言説環境の現状である。[16]

台湾先住民は帝国日本の近代的な殖民統治を受ける中で、人類学的知識によって輪郭が与えられ

15 第一篇「蕃俗誌」、第三章「総説」、第一「蕃人の種類並に地理的分布」。原文の片仮名を平仮名に、また現代仮名遣いに直し、適宜句点を入れた。

16 民族と「人」呼称について北原モコットゥナㇱら(二〇二二)は、一方的なイメージや差別的な呼び方を改め、優劣のない、相手を尊重することのできる言葉を選ぶべきだとしている。「アイヌ人」という語に違和感を持つケースや、「アイヌ人と和人」「アイヌ民族と和民族」のような使い方の提案も紹介している。

写真４　陳偉智『伊能嘉矩』（2014年）

て国家に包摂されはじめたと言ってよい。記号化の一つとして、日本の文明と文化によって進化させられる、引き上げられるべき存在となった。これを述べると偏見を助長させる懸念もあるが、首狩りもあった。私は「首狩り＝首祀り」と同時に表現するが、深い宗教的な意味合いがある（中村 二〇一二）[17]。また室内葬やイレズミなど、さまざまな文化要素が「陋習」とされ、進歩を必要とする劣った人々だという認識が日本側にはあった。ここに同化政策が出てくる。このように先住民を記号化する主語とは何か、あるいはこうした歴史の力がどう捉えられるべきかは大問題であって、本章だけでは完全解決できないが、今回はこの問題に対するアウトライン的な知を提出していると考えていただきたい。

基本的には、治者である日本人が台湾先住民を記号化すると考えてよいのだが、しかし認識論の形成とは、先述の通り、西洋人類学的知識を伊能嘉矩も学びそれを応用しているわけで、世界史的な近代化の問題も背景にある。だから認識論の形成や普及は、個々の日本人の主観を超えるところにもはたらいているのではないか、という複雑な問題がある。

換言すれば、人間についての認識論を問うことは、社会や知識の構造と個々の主体の両側面に触れている。先住民を記号化する主語は、個々の日本人殖民者であると同時に、それを内面化していく被植民者も含む。それは時代の構造的な認識論であるということだ。つまりあるパラダイムが出来上がるとは、知や認識論が肥大化して人々を縛っていく状況ではないかということである。だからある認識論を脱殖民化するために、例えば殖民者個人を言葉は悪いが抹殺したり、問題にしたり

17 この点に関連し、映画「セデック・バレ」（魏徳聖監督）についての評価をシンポジウムの質疑応答で求められた。野蛮表象や過度の脚色も問題となる一方、知られていない本事件（中村二〇一三）を知らしめたという点で、「両刃の刃」という語を用いて簡潔に述べたが、詳しくは中村（二〇一四）を参照されたい。日本での公開に字幕翻訳制作として携わった三澤（二〇二〇）も参照のこと。また霧社事件に関する入門書について質問があったが、周婉窈「二大抗日事件」（二〇一三所収）、「台湾修学旅行ナビ」ホームページをまず見ていただければと思う。後者では、北村嘉恵「霧社事件餘生紀念館」に加え、私も「莫那魯道《モーナ・ルド》紀念公園（霧社事件紀念公園）」を書いている。先住民セデックの視点からは郭明正 Dakis Pawan『又見真相：賽徳克《セデック》族與霧社事件』（二〇一二）（真相を再び見る：セデック民族と霧社事件）があり、そこで事件は日本の圧政への「抗暴」であると言われる。この見方について、日本語書籍で丁寧に議論されたものは見当たらない（中村二〇二〇も参照）。本書は残念ながら未だ日本語訳が出ておらず、出版社の慧眼を期待したい。

していくだけでは足りない構造的な問題があると考えられる。

一方、認識論を問題化するということはそれを相対化するということであり、そうではなかったかもしれない別の認識へと目が新たに開かれていくことである。脱殖民化とは、殖民者個々人の殖民的な言動を批判していくことと同時に、認識論のレベルでも脱殖民化を志向していかなければならないという問題である。

透明な殖民者日本人

本章の軸の一つとして提出した「透明な殖民者日本人」という点だが、日本人自身が彩りを持つことが大事なのではないか、それが脱殖民化なのではないかということを、今回のシンポジウム開催にあたり石原真衣さんが提起された。「すべての人が彩りを持つように」という石原さんの表現と、殖民者の透明性という点が重なっている。これをどのように分析的な言葉で言えるかが課題だ。

透明であるということは、見られる側にいるのではなく、見る側にいるということである。そして、目指されるべき日本や日本人の（そして近代性の）内実についての解釈権が宗主国の権力を持った日本人にある、手に握られているということだと私は考えている。帝国の拡大の中で、「日本」、「日本語」、「日本人」というものが問題になってくるわけであるが、それが標準的なもの、

M・フーコーが言うところのノルムになっていったのではないかと思われる。この話には、日本人には「族」を付けず、殖民地の住民には「土人」や「族」の呼称、「原住民」の語を押し付けていくという、先ほどの非対称性の問題が重なってくる。つまり殖民者が被殖民側に、恣意的に色付けをしていくという権力性である。権力関係の非対称性と言っていいだろう。ものごとの決定権が日本側にあり被支配者にはないということは、例えば政治的な運動――投票権や議会を求める運動――を帝国日本はほとんど拒否してきたことにも明確に見られる（例えば周 二〇一三）。一方で殖民地住民を戦争には動員していくという、時代の需要によって「同化」の内実を拡張していったり、与えなかったりということが歴史としてあった。[18]「族」と「民族」の問題系（認識論）について、次を見られたい。

タイヤル族は台湾の他の住民と同じように日本の植民地支配を受けた歴史を持っていて、北海道のアイヌ民族を除けば、人類学が対象とする世界では、これほど日本と密着した関係をもっ

18 台湾先住民への軍事動員である「高砂義勇隊」は正式な軍人でなく軍属身分で（近藤 一九九六）、志願という意味でのボランティア（義勇隊）であった。自由意志として動員させていく側面に留意されたい。義勇は教育勅語の言葉であり、この義勇隊の性格は、一九四五年、本土決戦に向けて編成された「国民義勇（戦闘）隊」（斉藤 二〇二一）につながっている。

た民族はほかにはない（山路二〇一一：一、強調は中村）。

これは二一世紀におけるある人類学者の表現であるが、一つの文において、タイヤルに対しては「族」を付け、アイヌに対しては「民族」を使っている。こうした使い分けを実は私もしてきた。そういうことがなぜ起きているのかということは、先述してきた殖民的な認識論の影響と同時に、アイヌに関しては、世界先住民族運動との節合の結果として「アイヌ民族」という言い方がなされてきており、その言い方（認識論）を以て社会を変えてきたからだと言うことができる。そうした歴史が凝縮されたものとして、この文章を見ることができる。そしてこの文章の発話主体は（私自身も）、「透明な殖民者日本人」の磁場から未だ脱し得ていないことに注意する必要がある。

ここで少し視点を変えて、白人性の研究を見てみたい。白人性の研究はさまざまにあるのだが、細川道久の『「白人」支配のカナダ史：移民・先住民・優生学』（二〇一二年）を見てみよう。複雑な内容ではあるが、私の言葉でまとめると次のようになる。「白人」支配とは、「白人」と「非白人」の認識論的二分化であって、その平面上あるいは線上に、いろいろな人を置きながら、いずれは彼らも「白人化」されるべきとする権力の働きである。細かいところは省略するが、例えばカナダにおいて、東欧系や南欧系の移民、あるいは白人と先住民の間の混血や白人の精神障害者という中間的な存在が白人なのか非白人なのか、という議論が続いてきた。そしてその決定権は結局「白人」側にあった、ということだ。これが、世界の殖民主義や近代化における認識論の重要な性格の一側面なのではないかと考えられる。

私はそれを日本に当てはめ、「日本（人）」支配とは、「日本人」と「非日本人」の認識論的二分化であると同時に、いずれは「非日本人」も「日本（人）化」されるべきとする権力の働きではないかと考えている。帝国日本の殖民主義は、「白人」支配とパラレルな問題であり、資本主義「発展」に深く関わる近代化に重なっている。

日本の同化主義については、社会学者や歴史学者などが、排除と包摂の兼ね合いの問題として議論している。被治者をある時は排除し、ある時は包摂するという点は先述した通りで、時代の要請（つまり権力）に従う。問題は、支配層・権力者こそが決定する力を持っていることである。政治思想史学者の呉叡人（二〇〇三）は、端的に「差別的な編入 differential incorporation」という言い方で帝国日本の同化主義を捉えた。示唆に富んだ指摘である。

透明な殖民者ということの意味は、白人性や日本人性を決定する主体あるいは主体権力（つまり見る側）が見えにくいところにあり、他者にそれを語らせないところにあるのではないかと考えられる。(19)

ノルムの力

最後の議論として、先ほどから出ていた「近代」という複雑な問題に触れよう。殖民的近代性・殖民地近代性（Colonial Modernity）という見方も出て久しい。つまり殖民地においても近代化が進んできた、だから収奪と搾取一辺倒ではないのだ、という見方である。韓国ではニュー・ライト運動という形で激論が交わされているところだ。基本的にはモダニティ（近代性）は台湾の高地先住民から見ると、諸手を挙げて賞賛されるべきものではなく、暴力を根底とした旧社会の改変であり、国家と資本の結託において、それが軍国主義という形をとって展開していったというところにあるのではないか、と考えている。

先述したように、帝国日本では「日本語」、「日本人」が標準的なもので、正常であり規範であるという力が働いてきた。このノルムという言葉は、例えば中国でも今「ニュー・ノーマル」という言い方で、日本語でも「新常態」として使われている。コロナ禍における日本でのマスク着用は、別に法律で決まっているわけではないけれども、それが規範である、これが正しいだろうというような力を捉える概念である。ノルムは国家の側も積極的に援用していく。この辺りの問題は過去のものではなく、近代を貫く問題の表われではないだろうか。

日本殖民地の台湾や朝鮮における同化主義は継続して議論の対象になっているが、これまでずっとイデオロギーの問題として語られてきた。例えば「天皇制の注入」という問題としてである。しかしイデオロギーとずれるところにあるノルムの性格からも、先住民に押し付けられた日本というものを解明していく糸口があるのではないかと思われる。この辺りが、重田園江『フーコーの風向き』にノルム化の話として出てくる。近代では、正常と異常を区別する力が強く働く。重田は、人間の生を――先ほどの「殖やす」ことに関わるが――正常化した良いもので満たし、異常なものを排除していこうとする近代国家の様子を明らかにしている。

関連して、一九三〇年代後半の国民精神総動員(精動)運動から沖縄戦にいたる歴史過程を、「日本人になる」という規律に注目して考察した冨山一郎の文章「戦場動員」がある(冨山二〇〇六)。沖縄における精動運動で主軸をなした「生活改善」は、沖縄語や洗骨など「特異」とされた風俗・習慣を対象化し、人々の道徳的実践にもとづく「自己の組立て方」に介入した。フーコーを引用する冨山はこの「日本人になる」プロセスに対し、皇民化イデオロギーの押しつけや価値の受容を発見することよりも、沖縄人の大阪や南洋への移民も念頭に、プロレタリア化にかかわ

19 本節で論じた殖民側の透明化に対し、公的な歴史や記憶からこぼれ落ち忘却され、透明化されるマイノリティ(被殖民側)という問題が同時にある。在広朝鮮人を名乗る権鉉基(こんひょんぎ)は、「ヒロシマから連想される物語が語られるとき、いつも朝鮮人はその物語からこぼれ落ちるばかりか、むしろ排除され、無色透明化されている」と見る(権二〇一六:一三二)。この点についての展開は別稿を期したい。

る「道徳的主体としての自己の組立て」を見て、それが（自己）監視という支配を呼びこむとする。

重田が言うように、イデオロギーとはやや違いノルムは人間の生を誘導していくもので、それが一方で抑圧になりうる指針として登場してきている[20]。こうした見方からすると、台湾先住民に対して正常／異常を分けて見ていき、正常化させていくという統治側の視線は明らかに存在しており、日中戦争下の一九三〇年代に出された『高砂族統計書』には、イレズミの有無や日本語の普及状況、室内葬などのいわゆる「陋習」を細かくチェックしていく視線が存在していた。その視線は、「日本人にさせていく」という皇民化の力と重なっていたのである。

まとめ

台湾先住民に対する日本（帝国）と中国の殖民主義を、その歴史の一端と脱殖民化などの概念と共に振り返ってきた。日本の殖民主義の認識論というものは、差別的・進化論的意味合いを持ちつつ、台湾先住民への「族」分類を行ってきた。そしてその背景には殖民暴力とも言うべき、強烈な軍事力の展開と鎮圧があった。こうしたことを反省的に振り返ることが「殖民（地）責任」の議論だと思われ、かつこうしたことを考えていくことが「脱殖民化 decolonization」を推し進めていくと考えられる。本章はそのような行為遂行性（performativity）を持っており、「脱殖民化を書く」

という課題への私なりの回答である[21]。

台湾住民を分類した殖民者と殖民権力は、自らを透明化した。それはカナダの白人性をめぐる権力関係の話とも近似する。以上、近代国家と殖民地近代はノルム概念（常態と異常、正常と異常を分けるような概念）を内包し、そうした中で日本殖民主義の認識論も力を得ていたのではないかということで、本章のまとめとしたい。

【引用・参考文献】

以撒克・阿復（Isak Afo）二〇一六『原住民族運動・媒體・記憶：後殖民進路』翰蘆（中国語）
伊能嘉矩、粟野伝之丞　一九〇〇『台湾蕃人事情』台湾総督府民政部文書課
岩崎稔ほか編　二〇〇五『継続する植民地主義：ジェンダー・民族・人種・階級』青弓社
榎本守恵　二〇〇九「『殖民公報』と北海道開拓」『札幌大学経済学部付属地域経済研究所 地域と経済』六：四五―五二

20　ノルム化は、「劣等人種」「異常者」といった「国家社会の内部における劣った存在の死が…正常な者のより健康で…豊かな生と、直接につながりを持つものとして認識される」事態を導く（重田 二〇二〇、五九頁）。

21　人類学には「文化を書く」（こと自体を対象化する）という問題系があり、本章の問題意識（脱殖民化を書く）はそれに連なる（中村 二〇一八）。

重田園江　二〇二〇『フーコーの風向き：近代国家の系譜学』青土社
北村嘉恵　二〇一七「台湾先住民族の歴史経験と植民地戦争：ロシン・ワタンにおける『待機』」『思想』一一一九：二四―四五
――「霧社事件餘生紀念館」台湾修学旅行ナビ https://taiwan-shugakuryoko.jp/spot_central/769/
北原モコットゥナシ・瀧口夕美（文）、小笠原小夜（絵）二〇二一・七・二四「アイヌ民族？アイヌ人？何と呼ぶ？優劣ない呼び方で」北海道新聞ホームページ「ミンタラ」https://www.hokkaido-np.co.jp/manabun/mintara/
グルー、ブノワット　一九七九『最後の植民地』有吉佐和子、カトリーヌ・カドゥ訳、新潮社
桑原真人　一九八二『近代北海道史研究序説』北海道大学図書刊行会
呉叡人 Wu, Rwei-Ren. 2003. *The Formosan Ideology: Oriental colonialism and the rise of Taiwanese nationalism, 1895-1945.* Dissertation, University of Chicago.
児玉正昭　一九八七「解説」『「殖民協会報告」解説・総目次・索引』不二出版、三―一六頁
近藤正己　一九九六『総力戦と台湾：日本植民地崩壊の研究』刀水書房
――二〇一五「台湾における植民地軍隊と植民地戦争」、坂本悠一編『地域のなかの軍隊7　植民地：帝国支配の最前線』吉川弘文館、四四―七四頁
権鉉基　二〇一六「『平和』と『復興』の狭間を生きた『在広朝鮮人』」『現代思想』四四（一五）：一三〇―一三五
斉藤利彦　二〇二一『国民義勇戦闘隊と学徒隊：隠蔽された「一億総特攻」』朝日新聞出版

周婉窈　二〇一三『図説　台湾の歴史』（増補版）濱島敦俊監訳、平凡社
臺灣總督府警務局理蕃課編　一九三六－三九『高砂族調査書』一－六巻、復刻版、南天書局（一九七七）
陳偉智　二〇一四『伊能嘉矩：台湾歴史民族誌的展開』国立台湾大学出版中心（中国語）
冨山一郎　二〇〇六「戦場動員」『増補　戦場の記憶』日本経済評論社、六九－一四二頁
中村淳　二〇〇一「〈土人〉論：『土人』イメージの形成と展開」、篠原徹編『近代日本の他者像と自画像』柏書房、八五－一二八頁
中村平　二〇一三「台湾植民地統治についての日本の『民族責任』と霧社事件認識：第二次大戦後日本の中高歴史教科書の分析を中心に」『神戸女子大学文学部紀要』四六：四九－六九
――二〇一四「映画『セデック・バレ』から考える：台湾先住民と日本における脱植民化と『和解』」『Global-local studies』七：一二五－一三一
――二〇一八『植民暴力の記憶と日本人：台湾高地先住民と脱植民の運動』大阪大学出版会
――二〇一九「家族－国家日本の殖民暴力とトラウマ：脱殖民化と「他人事でなくなること」」、田中雅一・松嶋健編『トラウマ研究2トラウマを共有する』京都大学学術出版会、四一五－四四一頁
――二〇二〇「台湾先住民における轉型正義／移行期正義と日本の植民地責任」『比較日本文化学研究』一三：一〇三－一三〇
――二〇二二「台湾先住民を日本人にさせる殖民暴力とその傷跡の分有：日本のおかげと恩という語りとの出会

い」、坪井秀人編『戦後日本の傷跡』臨川書店、五二―七一頁
――「莫那魯道紀念公園（霧社事件紀念公園）」台湾修学旅行ナビ https://taiwan-shugakuryoko.jp/spot_central/858/
中村勝 二〇〇三『「愛国」と「他者」：台湾高地先住民の歴史人類学Ⅱ』ヨベル
――二〇〇九『捕囚：植民国家台湾における主体的自然と社会的権力に関する歴史人類学』ハーベスト社
――二〇一二『自然力の世界』れんが書房新社
番匠健一 二〇二〇「『植民』の思想と境界領域としての北海道近現代から見る地平」、立命館大学生存学研究所監修『知と実践のブリコラージュ：生存をめぐる研究の現場』晃洋書房、二四―二五頁
細川道久 二〇一二『「白人」支配のカナダ史：移民・先住民・優生学』彩流社
ミシェル・フーコー 二〇〇二『異常者たち（コレージュ・ド・フランス講義一九七四―七五年度）』慎改康之訳、筑摩書房
秦郁彦編 二〇〇一『日本官僚制総合事典：一八六八―二〇〇〇』東京大学出版会
バーバ、ホミ・K，二〇〇九『ナラティヴの権利：戸惑いの生へ向けて』磯前順一ほか訳、みすず書房
東琢磨 二〇〇七『ヒロシマ独立論』青土社
松岡格 二〇一四「日本統治下台湾の身分登録と原住民：制度・分類・姓名」、日本順益台湾原住民研究会編『台湾原住民研究の射程：接合される過去と現在』風響社、三三―七五頁
塩出浩之 二〇一五『越境者の政治史：アジア太平洋における日本人の移民と植民』名古屋大学出版会

三澤真美恵　二〇二〇「『記憶の場』としての映画『セデック・バレ』」『アジア民衆史研究』二五：一二三―三六
山路勝彦　二〇一一『台湾タイヤル族の一〇〇年：漂流する伝統、蛇行する近代、脱植民地化への道のり』風響社
柳本通彦　二〇〇六『ノンフィクションの現場を歩く：台湾原住民族と日本』かわさき市民アカデミー出版部
渡部宗助　二〇〇六「気になるコトバ『植民』と『殖民』」『植民地教育史研究年報』九：二一六―二二〇
Smith, Linda Tuhiwai, 2012. *Decolonizing Methodologies: Research and Indigenous Peoples*. 2nd ed. Zed Books.

記号化による文化遺産の植民地化　収奪される地名・記憶・歴史

加藤博文

本章で私が論じたいテーマは「記号化による文化遺産の植民地化」であり、具体的な事例として取り上げるのは地名、遺跡の名前、記憶、そして歴史である。

文化遺産や文化財の保護は、本来、文化を保護し、それをさらに発展（振興）させることを目的としている。一方で、「文化」をどのように見るのかによって、文化を定義し、型に嵌め込み、分類することによって、特定のイメージを外部から付与し、ステレオタイプのイメージを再生産させる機能も持っている。このあたりは北原モコットゥナㇱさんや中村平さんの発表とも重なる部分があると思う。

拙論では、このような仕組み（システム）が整備されてきた背景を考え、また現在、「保護・保存」の名の下で進行する政策によって継続されている文化遺産の植民地化について考える。現状を検討するために、具体的に遺跡の名前がどのように付けられていくのか、そして地名との関係性はどうなっていくのか、またその場に存在する記憶の認識や分類、さらに構築されていく歴史観について見ていきたい。その上で考古学における植民地化について改めて考えたいと思う。

考古学における植民地化をどう考えるか

考古学は人間を対象とする学問の中でもとりわけ人間が生活していく中で作り出した物質文化を対象としてきた。他の人類諸学と同様に、その初期においては、自らの歴史の探究を行うことを主たる目的としながら、また一方で自分たちとは異なる文化伝統を持った他集団、他者を調査対象とし、異文化研究を行ってきた。そして二〇世紀後半に始まる脱植民地化の時代の中で、考古学の世界の中でも、その他の人間科学と同様に、考古学という学問が持っている植民地主義の影響が論じられるようになっている。

考古学はもともと、古代ギリシャやローマなどの美術史に起源をたどることができる古典考古学と、ローマ文化の影響が及ばなかった北欧で成立した先史考古学の二つの流れがある（角田文衞『ヨーロッパ古代史論考』一九八〇年　平凡社）。いずれもヨーロッパに起源を持つ考古学であるが、その成立当初においては、ヨーロッパ以外の地域においても欧米の研究者が主体となり、研究が蓄積されてきた。現在見られる脱植民地化の動きの中で生じたこれまでの考古学のあり方に対する批判的検証の動きの背景には研究の根底にある西洋中心主義への批判があり、理論や方法論におけるその強い影響と、それが資料解釈へ及ぼす強い負の影響を指摘するものであった。

考古学における脱植民地化の組織的な動きは一九八六年の世界考古学会議（WAC : World Archaeological Congress）の設立に見ることができる。

世界考古学会議が設立される以前のヨーロッパでは一九三一年に国際先史原史科学連合（IUPPS : International Union for Prehistoric and Proto-Historic Sciences）が組織されていた。一九八六年に第一一回国際大会をイギリスのサウサンプトンで開催する計画がなされるが、その際にアパルトヘイト政策への反対表明として、南アフリカのナミビアからの研究者をこの会議に参加させるかどうかについての議論が巻き起こった。議論の中心にいたのは、当時この大会のイギリス側の組織事務局長であったピーター・アッコである。アッコらは、それまでの国際学会のあり方を批判的に捉え、幅広く世界の考古学に関わる人が参加できる国際組織を設置することを目指して、世界考古学会議を設立したのである。この動きには、第二次世界大戦以降に始まるネオコロニアリズムからポストコロニアリズムへの動き、また先住民族の権利回復運動がおおきく影響している。

世界考古学会議の第一回目の大会では、考古学者による解釈が持つ歴史的・社会的な役割、そして政治性についての再評価が行われ、次のような問いかけがなされた。

・考古学の研究によって恩恵を受けるのは誰か？
・考古学者は、他人の過去を管理する権利を持つのか？
・西欧の考古学理論や手法は、過去の解釈にとってベストな方法なのか？
・調査の対象とされる先住民族に対して考古学はどのような（プラスの意味での）効果を与えることができるのか？
・先住民族へのダメージを抑止するための理論の構築や、方法の転換の取り組みは可能か？

この世界考古学会議から発せられた問いかけは、それまでの西洋中心の思想的な枠組みにとらわれていた理論や方法論を見直す契機となり、またその後の考古学と先住民族との関係を考える上でも重要な指標となった。

これ以降も考古学における植民地主義の影響について多くの指摘がなされてきているが（例えば、Gosden 2004 *Archaeology and Colonialism* など）、マサチューセッツ工科大学の考古学者であったマーチン・ウォブストは考古学における植民地主義の影響として、次のような点を挙げている。

・西洋的な文化の価値観による研究の実践
・精神よりも物質がまさる

・宗教よりも科学がまさる
・口伝（オーラルなヒストリー）よりも文献（書かれた文字資料）がまさる
・無文字社会から文明社会へ進化するという発展段階史観
(H. M. Wobst 2010 Indigenous archaeologies: A Worldwide perspective on human materialities and human rights, *Indigenous Archaeologies: Decolonizing Theory and Practice*)

ここでウォブストにより指摘された諸点は、考古学全体が考えなければならない課題であり、日本の考古学においても真摯に受け止めなければならない問題提起であった。しかし現実には、このような世界的な考古学における植民地主義の影響からの脱却を図ろうとする動きは、今に至っても日本の考古学において自らの問題として十分に受け止められているとは言えない。

学問の諸領域における脱植民地化をはかる動きは一九五〇年代のフランツ・ファノン（『黒い皮膚・白い仮面』一九七〇年、みすず書房）、一九七〇年代のエドワード・サイード（『オリエンタリズム（上・下）』一九九三年、平凡社ライブラリー）に始まるが、そこからすでに半世紀以上が経った今でも日本の考古学においてこの問題に正面から向き合おうとする動きは多くはない（五十嵐彰『文化財返還を考える』二〇一九年、岩波書店）。

そもそもあらゆる学問に言えることではあるが、研究やそれを実践する研究者と、研究対象となる地域社会の関係は平等ではない。研究や研究者には研究を主導するという立ち位置の優位性があり、その成果を享受する側に置かれる地域社会は受け手として位置づけられる。先住民族の置かれた立場はさらに弱いものであり、これまでの研究において先住民族社会はソース・コミュニティとされ、研究資料を提供する側であり、決して対等の関係には置かれてこなかった。研究者は研究資料を先住民族を含むソース・コミュニティから収集し、研究室の分析や考察を経て、研究成果として公にする。しかし必ずしも、この研究成果は本来の資料の保有者である地域社会や先住民族に向かい発信され、共有されてきたとは言えない。

では先住民族であるアイヌ民族の歴史文化遺産が残されている北海道では、考古学研究の持つ植民地主義の影響や権力性をどのような具体的な形で確認することができるであろうか。

遺跡の名付けの過程

考古学における植民地化の検討事例として取り上げるのは、遺跡名が考古学者により付与される過程と、遺跡名が命名され活用される過程で生じる影響についてである。

世界的にみて日本の文化財行政は、極めて高い水準にあることは疑いない。現在日本において文化遺産は、文化財保護法によって「我が国の長い歴史の中で、はぐくまれ、今日まで守り伝えられてきた貴重な国民的財産」(文化庁ホームページ:「文化財」:https://www.bunka.go.jp/seisaku/bunkazai/ 二〇二一年一〇月九日アクセス)として保護されている。この文化財保護法は、戦前の一九一九(大正八)年に制定された史蹟名勝紀念物保存法や一九二九(昭和四)年制定の国宝保存法、一九三三(昭和八)年に制定された重要美術品等ノ保存ニ関スル法律の流れを受けて、一九四九(昭和二四)年の法隆寺金堂壁画の消失を契機に文化財を保護する総合的な法律として議員立法により一九五〇(昭和二五)年に制定されたものである。

文化財は、通常、建造物や美術工芸品などの有形文化財と、演劇や音楽、工芸技術などの無形文化財に大別されるが、このうち考古学が対象とする考古資料は、有形文化財に含まれる。二〇一三年の文化庁の統計では、日本全国四七都道府県に所在する遺跡数が約四六万箇所(四六五、〇二一箇所)とされており、北海道だけでも一一、九二四箇所の遺跡が登録されている。考古学が対象とする遺跡の多くは、土中に埋蔵され、調査や開発行為などによって初めて私たちの目の前に現れるものであり、埋蔵文化財と呼ばれる。

遺跡は、文化財保護法によって保護され、都道府県教育委員会の所管とされ、実際の管理は市町村の教育委員会が担っている。遺跡にはそれぞれその所在する地籍と結び付けられた遺跡名が付与されるが、新規に確認された遺跡の命名は教育委員会によってなされる。遺跡が学術調査や開発行為によって現状を変更される場合には、発掘報告書が刊行されるが、この発掘報告書の書名は遺跡名を冠することが通例となっている。また通常、発掘報告書では、遺跡の立地する地理的位置と周辺の環境についての情報が記載される。

植民地化という文脈から考えたいのは、遺跡の名称が付与される過程である。北海道の場合では遺跡名とその土地のアイヌ語に由来する地名との関係である。以下ではいくつかの事例をあげて検討してみたい。

（1）堀株1遺跡（北海道泊村）

二〇〇四（平成一六）年に北海道西部の泊村で発掘調査された堀株（ホリカップ）1遺跡の報告書では、以下のように遺跡の所在する地域の歴史が解説されている。

堀株地区はアイヌ語でホリフカ、古くはシリフカと呼ばれ、いずれも海潮によって逆流し、河口がT字形に屈曲しているところを意味している。

（『堀株1遺跡』：9、二〇〇四年、北海道泊村教育委員会）

この地名の由来とアイヌ語地名の解釈典拠には、古い文献も引用され、『津軽一統誌』（一六六九年）の「シリフリ（カ）船澗《ふねたに》有り、（狄おとな）カンネクルマ持分」という記載が引用されている。

（2）オルイカ2遺跡（北海道千歳市）

二〇〇二（平成一四）年に北海道中央部に位置する千歳市で発掘調査されたオルイカ2遺跡の発掘報告書では、遺跡の「位置と地名の由来」について以下のように記載されている。

「オルイカ」とは、『北海道蝦夷語地名解』（永田方正一八九一）によれば、アイヌ語の「o-ruika 川尻・橋」の意であるとされる。地名由来のオルイカ川は、馬追丘陵南端部付近の裾部を水源とし、陸上自衛隊東千歳駐屯地内の緩斜面を南・西に開析し、オルイカ2遺跡から約三〇〇m南側で南東から北西に向かって流れている。

（『千歳市オルイカ2遺跡』：7、二〇〇二年、北海道埋蔵文化財センター）

（3）イルエカシ遺跡（北海道平取町）

一九八九（昭和六三）年に北海道中央部平取町で発掘調査が行われたイルエカシ遺跡の発掘報告書では、遺跡の名称の由来について次のように記載されている。

イルエカシはアイヌ語であり、エカシ（ekashi）は男性の古老を意味する言葉であるが、「お爺さん」といった感じで使われる。イルについては意味不明である。イルエカシ遺跡は「イルお爺さんについての言伝えがある遺跡」とでも言うべきか。

（『イエルカシ遺跡』：6、一九八九年、平取町遺跡調査会）

これらの事例は、遺跡名が地域に残されたアイヌ語地名に基づき命名されたものであるが、北海道におけるすべての遺跡がアイヌ語のルーツに基づき名付けられているわけではない。全くアイヌ語地名とは関係なく命名された遺跡名も少なくない。次の事例はそのようなアイヌ語地名と関係しない遺跡名の典型である。

（4）白石神社遺跡（北海道札幌市）

一九七三（昭和四八）年に札幌市白石区に所在する白石神社遺跡で行われた発掘調査では、遺跡の位置と環境について、次のように記載されている。

「白石神社遺跡は、札幌市の都心部より東方に位置し、国道12号線と道道西野―白石線が交差する白石神社境内に所在している。地番は白石区本通789番地である。眼下には月寒川、広くは大谷地一帯をみわたせる標高22ｍ～23ｍの南向き台地である。遺跡の中心部には湧水がみられ、この湧水部分が小支谷をかたち作っている…中略…現在では、開拓当初より幾度かにわたって整地されており、台地の原形をとどめていない」とある。ここでは白石村に遡る明治の開拓以降の歴史には言及されているが、それ以前のアイヌ語地名を含めた土地の歴史的背景についての言及はなされていない。

（「白石神社遺跡」、『札幌市文化財調査報告書Ⅰ』：9、一九七三年、札幌市教育委員会）

同様の状況は筆者の身近にも存在する。北海道大学のキャンパス全域は、埋蔵文化財を包蔵する考古学的な遺跡として登録されている。北大キャンパスの遺跡名については、二つの異なる命名法を見ることができる。

（5）サクシュコトニ川遺跡（北海道札幌市）

一九八一（昭和五六）年から一九八二（昭和五七）年に北海道大学構内の学生宿舎の建て替えのために行われた北海道大学構内の発掘調査では、遺跡名は「サクシュコトニ川遺跡」と名付けられ、発掘報告書では、遺跡の位置と環境について次のように記載されている。

「北海道大学構内（以後「構内」と略称）の中央道路と北13条通りの交差点より約３００ｍ北進

すると、左側に総合運動場に向う道路がある。その道路を約９００ｍ進んだ左手に準硬式野球場がある。そこは、道々下手稲札幌線とサクシュコトニ川とが交差する所で、構内の最も西隅に相当する。サクシュコトニ川遺跡は、準硬式野球場を中心にその周辺一帯を含む」

（『サクシュコトニ川遺跡1　本文編』：15、一九八六年、北海道大学）

この時点では、北大キャンパスを還流する川の名称に基づき、遺跡名をアイヌ語地名と結びつけた遺跡名が設定されていたが、その後この遺跡を含めて北海道大学構内の遺跡はすべて「Ｋ39遺跡」に統合され、アイヌ語地名とは無関係の遺跡名へと改称されている。

（６）Ｋ39遺跡（北海道札幌市）

Ｋ39遺跡は、北海道大学構内全域を含む札幌市内最大の遺跡である。遺跡の調査は北海道大学と札幌市教育委員会によって複数時実施されている。その一例として二〇〇二（平成一四）年に札幌市教育委員会によって刊行された発掘報告書の記載は次のようになっている。

札幌面末端の標高15～20ｍ線付近は、豊平川の伏流水の湧き出し口になっており、明治時代頃までは十数カ所の湧泉池が存在し、サケの良好な産卵場所であった…中略…これら旧河川は、東から順に、「サクシュコトニ」、「セロンベツ」、「コトニ本流」と称され、流れを合わせながら、現在の札幌競馬場の北側で、西方の円山、宮ノ森方面から流れてきた「ケネウシベツ」と合流し、「シノロ」川（現琴似川）となって北東方向に流れていた。これらの埋没してしまった旧河川を総称して、現在では「旧琴似川」と読んでいる。

（『K39遺跡第9次調査』：2、二〇〇二年、札幌市教育委員会）

北海道大学の敷地に所在する遺跡の例では、当初、アイヌ語地名と結びつけて命名された「サクシュコトニ川遺跡」という名称は、北海道大学の敷地が「K39遺跡」という遺跡名に統合されたことによって、遺跡名としては消えてしまっている。かろうじて発掘調査報告書として刊行されたことによって、アイヌ語に由来した当初の遺跡名は文献（歴史的記憶）としては残されている。

このように北海道における遺跡名は、発掘調査報告書において丹念に地域の歴史を掘り起こし、その土地の言われやアイヌ語由来の地名を紐解き、遺跡名称として記録する努力がなされてきたことを確認することができる。しかしその一方で、必ずしも遺跡名が本来のその土地のアイヌ語地名と関連することなく名付けられる状況も見受けられる。このような異なる遺跡の名称の付与は、その後の遺跡という空間の評価や地域における位置づけにどのような影響を及ぼしていくのであろうか。

遺跡名と土地の記憶・文化の結び付き

遺跡の名称の原則は、遺跡の所在する地域の地籍に基づいて命名されることは一般的である。北海道の遺跡名の名付け方は以下のような傾向があることを指摘できる。

（1）アイヌ語由来の地名をカタカナ表記で使用するもの。（当然そこには、日本語化して変形してしまって、オリジナルの本来のアイヌ語でなくなってしまったものも含まれる。）

（2）アイヌ語地名に漢字を当てた地名から命名されるもの。（これは、その遺跡が所在する地域の地名、地区の名前がそのような形をとっていることが大きく影響していることが多い。）

（3）アイヌ語を日本語に翻訳した地名に基づき命名されるもの。

（4）本来のアイヌ語の地名とはまったく関係がなく、（後代になって行政的に定められた）日本語の地名に基づき命名されるもの。

先に取り上げた事例では、「オルイカ2遺跡」や「イルエカシ遺跡」は（1）に該当する。堀株1遺跡は古い記録に残る「ホリフカ」に漢字が当てられ「堀株（ホリカップ）」となったもので（2）のアイヌ語の地名が漢字に置き換えられたものになる。（3）の事例としては「ポロナイ」というアイヌ語の地名を日本語の「大川」と翻訳し、それが地名となった「大川遺跡」などの事例がある。（4）の例としては、アイヌ語の地名とまったく関係なく遺跡名が命名された「白石神社遺跡」の例が該当し、他にも「しゃくなげ公園遺跡」（北海道えりも町）なども同様の命名法といえる。

ここで強調したいのは、文化遺産である遺跡の名称というものが、本来のアイヌ語地名が変容され、日本語の文脈で命名され呼ばれてしまうことによって生じる負の作用である。地理学者のイー・フー・トゥアンは人間が複雑なやり方で空間と場所に関係性を持っていることを指摘している（『空間の経験』一九八八年、筑摩書房／一九九三年、ちくま学芸文庫）。またある民族によって非常に重要な空間、畏怖されているような空間が別の民族からはその意味を理解し難い、とも述べている。さらに土地の記憶や歴史として重要なことは、「この場所に誰がいて何をしていたか」を記録することであり、そして「今ここに誰がいるのか」を知ることである、と述べている。

先住民族にとっての景観の重要性についても、トゥアンはオーストラリア先住民の景観についての事例を引用しながら、大地の景観が、西洋人には見えないような情報を内包してその景観を作りだし、記録されていることもある、と述べている。

このようなトゥアンの指摘に沿って見た場合、K39遺跡などの札幌市における遺跡の命名法をどのように評価すべきであろうか。

札幌市は一九七二年に政令指定都市に移行した際に区の制度を導入した。現在札幌市は中央区、北区、東区、白石区のように区によって分けられ、行政サービスが行われている。札幌市に所在する遺跡もこの規制に従って、中央区の遺跡であれば、中央区の頭文字のCを遺跡に付けて、C1遺跡、C135遺跡などと呼ばれている。「K39遺跡」の場合は北区に所在する遺跡ということで、北区の頭文字のKを番号に付けてK39――北区の三九番目の遺跡――として表記されたものである。この制度によって北海道大学の敷地は正式名称としては「K39遺跡」となっている。今日では「サクシュコトニ川遺跡」という遺跡名は文献として残るのみであり、遺跡名称としては残されてはいない。

札幌市での遺跡名称の問題は、トゥアンの場の記憶という指摘を踏まえると単なる名称の合理化や整理というレベルの問題ではないように思われる。場の記憶の持つ意味を考える時、改めて先に参照した「イルエカシ遺跡」の報告書の記載を思い起こしたい。

「イルエカシ遺跡」の報告書では遺跡名称の由来を紐解くことから、イルエカシという老人が疱瘡との関係で地元に言い伝えられてきた伝承へと地域の歴史が掘り起こされていく。そしてイルエカシという老人が自らの命を賭して疱瘡の神から地元の人々を守ったこと、イルエカシが地元の伝承では実在した人物であること、遺跡に近くには彼の墓があるという伝承も残されていることなどが記載される。このように通常、遺跡名に特定の個人の名が使われることは極めて珍しいのであるが、報告書では発掘調査の準備過程で発掘調査を担当した調査会理事(1)と地元教育委員会の協議の中で、隣接する遺跡との名称との関係から生じる混乱に加えて、「長い時を経て地域の人々に語り継がれてきたこのような伝承を大事にしたいという意図があった」という担当者の想いがこのような遺跡名を採用した背景として説明されている。「イルエカシ遺跡」の例は、まさにトゥアンが指摘した場の記憶を残すという取り組みが遺跡名という形で成功した典型例といえよう。

このような事例を踏まえた上で改めて見た場合、札幌市の遺跡命名の仕方はどのように評価できるであろうか。札幌市という北海道で最も都市化が早くから進んだ地域であるという事実を踏まえたとしても、遺跡名からアイヌ語を消してしまったことは文化遺産の保護という視点から見ても深刻といえよう。

歴史段階として設定される考古学的文化

考古学では、遺跡が出土した時間や空間を一定に共有するものを出土物の総体として、過去の集団の生活復元を行い、考古学的な文化として理解する。

文化の概念は学問ごとに独自の解釈、位置づけや定義がある。人類学や考古学では、人間と文化

1　具体的に協議を行った遺跡調査会の理事は藤本英夫氏であることが報告書には記載されている。

の関係、社会との関係を理解する上で文化は非常に重要な概念として位置づけられている。

文化をどのような視座や文脈で理解するのか、更に普遍性を追究するのか、それとも多様性を見いだしていくのかではその立ち位置に大きな違いがある。周知のように文化（culture）は「耕作」を意味するラテン語である“*colere*”に由来する。そのため常に自然と対置する位置に配置され、自然と人間を分かつものとして理解されてきた。自然は最初から存在するものとして位置づけられ、文化は人間によって作り出されることによって初めて発生し、開発されるものだと認識されてきたわけである。

一九世紀（学史的には古典になる）にエドワード・タイラーは民族学における文化の定義を以下のように述べた。

> 民族学で使われる文化、あるいは文明の定義は、知識、信仰、芸術、道徳、法律、慣行、その他の人が社会の成員として獲得した能力や習慣を含む複合体である。
>
> （Edward Tylor, *Primitive Culture* 1871）

タイラーのような考え方は、文化以前にすでに固定化された「自然」が存在しており、それに対して「人間」が働きかける中で形成される文化という理解に立っている。スコットランドのアバディーン大学の人類学者であるティム・インゴルドが指摘するように、このような理解において、「自然」は固定化されたものとして位置づけられ、文化は歴史的に変化する「人間」によって作り出されるという近代的な二項対立的な二分法を基盤に置いているということがわかる（『人類学とは何か』：38、二〇二〇年、亜紀書房）。

では、考古学では、「文化」をどのように認識してきたのだろうか。冒頭に述べたように考古学は物質文化を研究対象として取り扱う学問である。考古学では、考古学的に観察可能な資料のまとまり――主に遺跡から出土するもの――を「考古学的文化」(archaeological culture) と定義する。現在でも広く一般的に見られているこの考古学的文化の定義としては、オーストラリアで生まれ、イギリスにおいて長らく世界の考古学をけん引してきたヴィア・ゴードン・チャイルドによる定義がある。チャイルドは、いくつかの定義を記しているが、その著作 *The Danube in Prehistory* において以下のように「考古学文化」を定義している。

私たちは、容器、道具類、装飾品、埋葬儀礼、住居形式などの特定の遺物が常に一緒に繰り返されていることを見出すことができる。このように規則的に関連した特徴の複合体を「文化集団」あるいは単に「文化」と呼ぶことにする。このような複合体は、今日では「民族 people」と呼ばれるものの物質的表象であると仮定できる。

（V.G. Childe 1929. *The Danube in Prehistory*）

重要なポイントは、チャイルドの定義では、物質文化の複合体として把握される考古学文化が特定の文化集団を表現していると理解していることにある。そしてこの文化集団（他の研究者のように"biological race"でなく）民族（原語としては"people"を使っている）を表象する集団表象とみなす点にある。（チャイルドの「集団」は「社会文化 集団：Socio-cultural grouping」であった。）

このような概念が広く共有され、数多くの「考古学的文化」が世界で設定され歴史的な変遷をたどる中で、人類史が構築されてきた。考古学は確かに人類学とは異なり、直接人間を研究対象とはしない。しかしチャイルドが設定した定義に見られるように、物質文化を通してそこには集団表象として暗示される人間集団＝people がイメージされてきたのである。

北海道島の考古学的文化のアイヌ史への影響

考古学と先住民族との関係では、先に紹介した一九八六年の第一回世界考古学会議で提起されたように、考古学的文化の設定やその評価の問題だけではなく、その設定された集団をどのように解釈していくのか、とりわけ考古学的文化を直線的な時間の上に配置し、その技術や社会構造の単純さや複雑さによって階層化する——進んだもの、優れたものと劣ったものという風に評価する——従来の研究が批判され、見直しの必要性が指摘された。

再度確認しておきたいのは、考古学の研究によって恩恵を受けているのは一体誰なのか、考古学者は他者の過去を管理する権利を持つのか、ヨーロッパの考古学理論や手法は、過去の解釈にとってベストな方法なのか、特に調査される先住民族に対して考古学はどのような影響を及ぼしているのか、という問題意識である。いずれも現在に至っても未解決の課題であるが、重要な点は、考古学者が一体誰に向かって歴史を語りかけてきたのかということであり、研究成果が与える社会的な影響についてどれほど考慮をしてきたのか、ということである。

北海道島における考古学的文化は、どのような影響をアイヌ民族の歴史に及ぼしているのであろうか。

北海道島の歴史が本州の歴史と異なることは、広く概説書でも指摘されている通りである。北海道島の歴史が本州以南の日本史の枠組みにおさまらないことを考古学的文化によって説明し、提示してきたことについては一定の評価を与えることができるだろう。しかしここではさらに一歩踏み込んで考えたい。つまり考古学者は一体誰に向かってこれまで語りかけてきたのかということであり、研究成果が与える社会的影響に対してどれだけ考慮してきたのか、ということである。

世界考古学会議が取組んできた課題を論じる中で、ジェンダー考古学の提唱者としても知られるジョーン・ジェロは、世界考古学会議の設立の背景に、考古学の国際的な取り組みが支配的な国が貧しい国や影響力の弱い国の過去を掘り起こす独占的な権利を持ち、それを推奨し、さらにそこに保険を掛けてきた歴史的経緯があったことを指摘している。もっとも古い遺跡やすばらしい遺跡の多くは、世界でもっとも貧しい国にあり、世界遺産と呼ばれる。それらは非ネイティブの言語と非ネイティブの想像力で研究され、再構築され、マン（man）ないしはジェンダーに関する知識の貯蔵庫として提唱されているが、これらの遺跡に関する知識へのアクセスは、少なくとも部分的にはアメリカや西ヨーロッパなどのヘゲモニーを持つ地域のアジェンダや資金提供機関・文化機関によってコントロールされており、他の人間の解釈の声を封じ込めている、と述べている（Gero 1999. The History of World Archaeological Congress, http://worldarch.org/history-wac/ 二〇一二年一〇月九日アクセス）。

このような視点を踏まえて北海道の状況を見ると、どのような状況がそこに見えてくるであろうか――歴史の当事者であるアイヌ民族の声は、北海道の歴史を編むプロセスにおいては十分に読み込まれてきたとは言えない。ここで問われていることは、考古学者が歴史を構築する過程でどのくらいアイヌ民族独自の世界観や歴史観を取り入れる努力を払ってきたのか、ということなのだが、その上でさらに、考古学の研究成果として提示される考古学的文化が社会に発信された後に、社会に与える影響についても考えなくてはならない、ということである。

例えば、考古学者によって提唱され、広く定着している考古学的文化に「アイヌ文化期」という時期区分概念がある。この名称に、現在を生きる先住民族であるアイヌ民族の名称が入っていることから、誤った解釈や誤った理解が生じていることは、これまでもしばしば指摘されてきた。

この「アイヌ文化期」は、その前段階に設定されている「擦文文化」が一三世紀以降に変容することで成立する考古学的文化と理解されてきた。この「擦文文化期」から「アイヌ文化期」への文化の移行に際して、集団交替が起きた可能性は分子遺伝学的にも指摘されていない。あくまでも物質文化上の文化変化を説明した概念に過ぎない。しかしこの文化変化が誤って解釈され、あたかもアイヌ民族が一三世紀以前に北海道島には居住していなかったかのような、あるいは一三世紀以降にアイヌ民族は北海道島の外から渡来してきたと理解する、根拠のない解釈や見解が示されている。さらにはこのような誤った解釈に基づいてアイヌ民族は北海道島の先住民族ではない、という主張すら見受けられる。このような言説がインターネット上で飛び交うことについて考古学者は、非専門家による誤った理解や誤解に過ぎないとして、無視するだけで果たしてよいのだろうか。

歴史の編み直し

ここまでアイヌ民族の歴史の描かれ方における課題をいくつか確認してきたが、次にそれを乗り越えるべき方向性を示す視点を提供したい。

第一に日本考古学や日本史という国家形成史の視点によってアイヌ民族の歴史を解釈すべきではない。第二に発展史観（進化主義）によって北海道島の歴史を評価すべきではない。北海道島に国家は形成されないが、ピエール・クラストルやジェームズ・スコットなどが指摘するように国家と非国家との関係性を対等に位置づける見方、あらゆる社会のゴールとして国家形成を想定しないという見方が大切である。第三は外からの視点や物差しでアイヌ民族の歴史を解釈しないということである。

これらの視点は本州の古代国家や非国家社会との経済的社会的関係を否定したり、軽視するものではない。むしろ歴史的にもそのような経済的な関係や物質文化や生活常識の影響は実際に存在したし、社会変化においては重要な役割を果たした。今後必要とされてくるのは、先住民族の側からの視点で歴史的なイベントを解釈し、社会がいかに変化してきたのかについての先住民族側の視点に立った歴史を作っていくことである。

歴史の枠組みを再編して、先住民族の視点を含めた新たな歴史を構築する取り組みは、世界各地

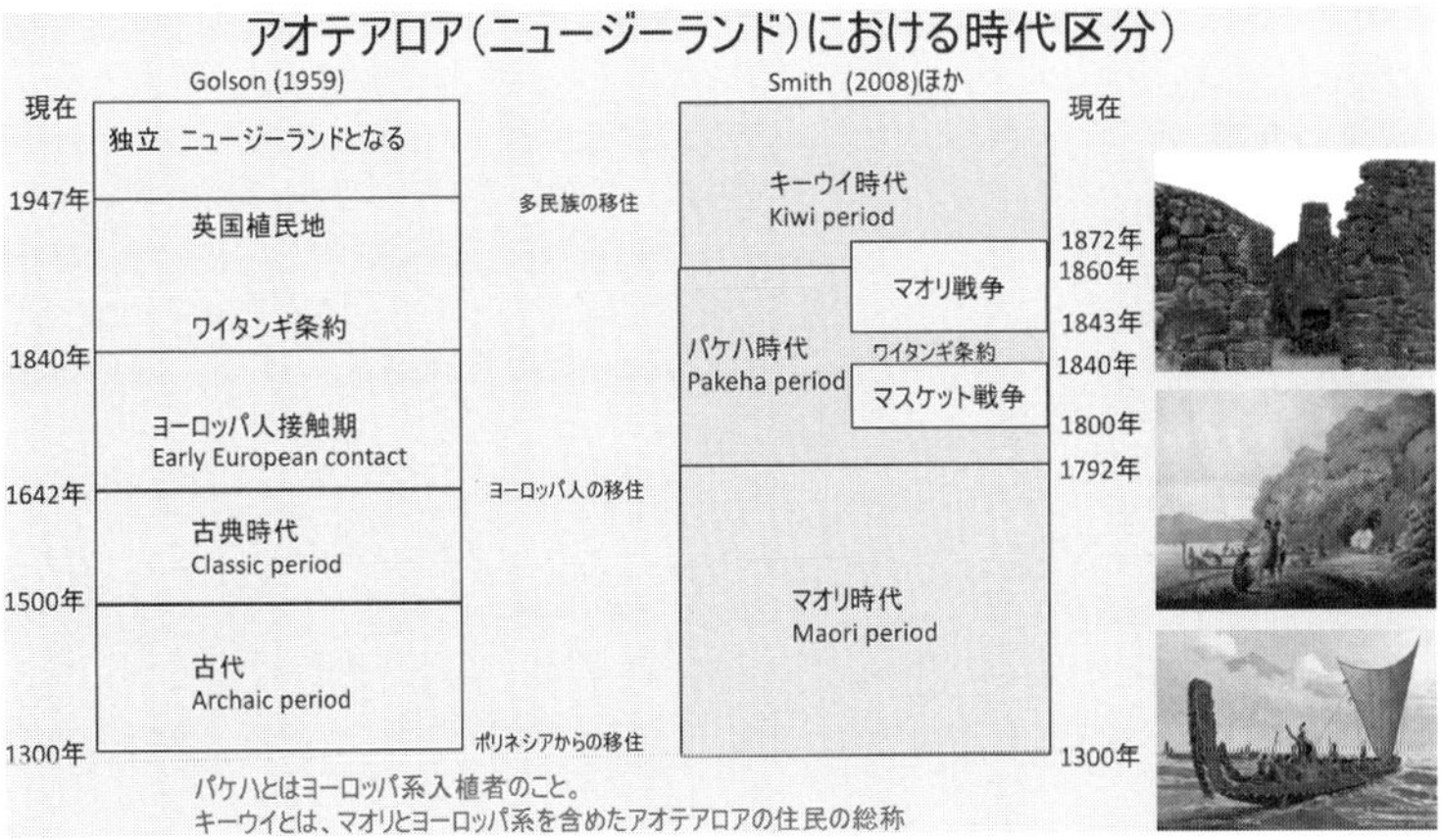

図1

に見ることができる。一例を挙げるとすれば、北海道と同様に先住民族の文化遺産を多く有するニュージーランドの取組みがある。

ニュージーランドで二〇〇〇年以降に提唱されている時代区分がある。ここで参照するものはニュージーランドの考古学者であるイアン・スミスによるものであるが（Smith I. Maori, Pakeha and Kiwi: Peoples, Cultures and sequence in New Zealand archaeology, *Terra Australia* 29: 367-380)、彼の時代区分ではポリネシア人が主体であるマオリの時代、ヨーロッパの移民が入ってくるパケハの時代、そして第二次世界大戦以降の南太平洋からの新しい移民も交えた多文化の時代であるキーウィの時代という、三段階の編年が提示されている（図1参照）。このスミスによる時代区分の特徴は先住民族の言葉を元に独自の歴史を作りあげている点にある。このような試みを北海道ですることは可能であろうか。

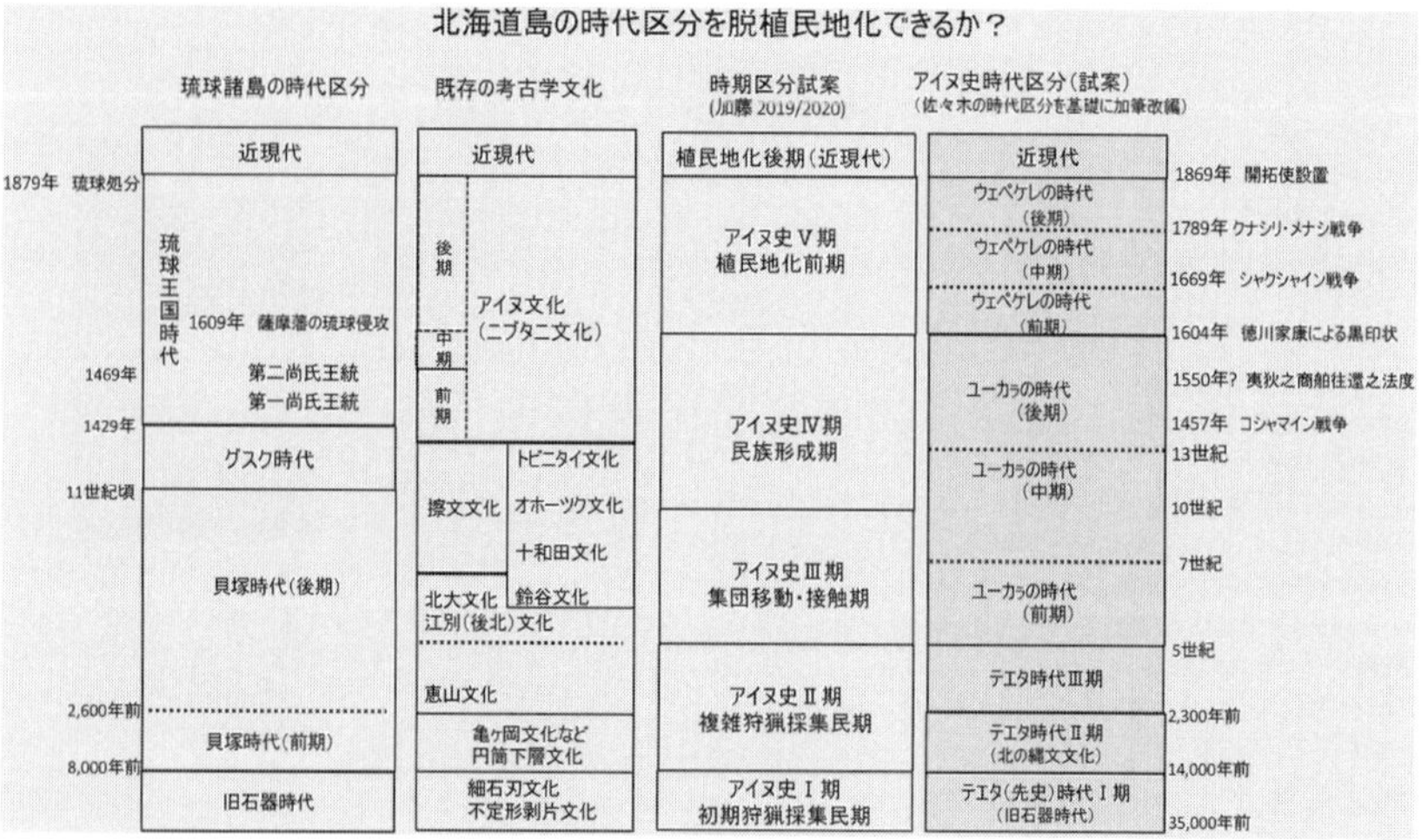

図2

北海道の歴史の見直しについてもいくつかの仮説が近年示されている。例をあげれば歴史学者の蓑島栄紀さんが提唱する新たなアイヌ史の編年の試みがあろう。ここでは先行研究を踏まえた上での私案として図2に示したような北海道の歴史編年を考えてみた。これはまだ試案に過ぎないが、重視したのはアイヌ民族の世界観を中心にアイヌ民族から見て重要な歴史的出来事に基づいた時期区分を設定すること、アイヌ語による時代区分を設定することである。そして何よりも大切なことはアイヌ民族自身による歴史の構築がなされることである。

記号化による文化遺産の植民地化

文化遺産の管理や保存、それに加えて歴史の叙述へのアイヌ民族自身の参画が保証されていない現状では植民地を脱しているとは言えない。遺跡の名称や考古学文化の設定や解釈においても、いまだアイヌ民族の見解を組み込んだ研究は見られない。つまり脱植民地化にはまだ程遠い状況にあると言えよう。非ネイティブの言語と非ネイティブの想像力で研究がなされ、他者による歴史が再構築される現状は、植民地化が継続しているとも言える（クリフォード『文化の窮状—二十世紀の民族誌、文学、芸術』二〇〇三、人文書院）。その背景には、人類学や考古学が自らの学問に根付く帝国主義や植民地主義の影響を直視できず、また西欧的な思考を基盤とする近代的な二分法から脱却できていないという事実を反映している。

ブルーノ・ラトゥールが指摘したような二分法は現在でも少なからず私たちの概念を規定している（『虚構の「近代」—化学人類学は警告する』二〇〇八年、新評論）。二項対立的な枠組みからの脱却は、既存の諸科学の中ではなかなか容易ではない。考古学で言えば、学問の基礎にある「型式（type）」概念と、それに基づく分類がそれに当たる。分類された型式は進歩という直線的な時間軸の中で配列され、単純なものから複雑なものへと配置される。ここでのモノの型式に生きた変化は想定されていない。型式は固定化されたものとして位置付けられる。しかし技術論的に見れば、モノは固定化されずに常にその形を変えていく動的な存在であることはいくつかの研究によっても明らかにされている。考古学者も当然このような概念を共有しているはずである。あらためて、考古学が記号化というプロセスにおいて無意識のうちに植民地化を進めているという問題を再認識する必要性があろう。

一般的に考古学者は考古学が政治と関わることに抵抗を感じるようである。極力生きた社会と関係することを拒み、解釈の客観性を担保しようとする。考古学は政治とは無関係であり、政治は考古学から除外されるべきであり、考古学は過去についての事実を追究するものであるという主張がたびたびなされている。しかし、本論で確認してきたように、考古学もまた社会からの影響を受け、その研究成果が社会や関係する個人や集団に与える影響は小さくない。「過去は誰が管理しているのか」という問いに対して答えないわけにはいかない。

北海道大学のキャンパスの中には、北大遺跡保存庭園という空間がある。埋蔵文化財としてはK39遺跡の一部を構成している。考古学者にとって遺跡の一部を保存するために設定した空間に過ぎない。しかしこの場は同時に地元のアイヌ民族にとっては祖先の足跡を感じ、祖先との対話が行われる空間である。現在でも定期的に地元のアイヌ民族による儀式がここで行われており、祭壇も設けられている。にも関わらず同一空間を共有する考古学者とアイヌ民族の両者による共同作業は、この場においてまだ実現してはいない。ここでは遺跡は引き続き二つの世界に分断されたままである。

北海道における先住民族と考古学との間には未解決の問題が多く残されている。先住民族と考古学の関係を考える先住民考古学においてしばしば引用されるフレーズを示して、最後のまとめとしたい。

伝統的に考古学は先住民族に「ついての」研究は行われてきたが、先住民族に「よる」、先住民族の「ための」、そして先住民族「とともに」行う研究はなされてこなかった。

(Smith C. and H.M. Wobst, 2005, Decolonizing archaeological theory and practice, *Indigenous Archaeologies*.)

フィクションの暴力とジェンダー　『ジャッカ・ドフニ』が描く「アイヌ」の物語

内藤千珠子

1　記号化の両義性――契機としての「後ろめたさ」

小説の言葉がもつフィクションの作用から、「アイヌ」が記号化されるときに現れる後ろめたさの情動について考えてみたい。記号化という出来事にはつねに複雑な両義性が伴われるが、他者やマイノリティが記号化されるときには、攻撃的な支配欲や憎悪と、やましさや後ろめたさとがアンビバレントに混ざりあった情動が現れるといえるだろう。小説の言葉には、記号化し、フィクションとして物語を作る機能があるが、小説は完全な虚構ではありえず、現実と交差している。フィクションの力を、現実との重なりのなかでとらえることによって、現代における憎悪の問題を、文学研究とジェンダー研究の接点で検証することが、本稿の目的である。

記号化の力は、一方で、二つに切り分ける運動によって、近代の差別や暴力を支えてきた。だが、他方で、記号化の作用によって不在とされたマイノリティが可視化されることもあれば、記号化という出来事の周囲に、記号化する側と記号化される側、マジョリティとマイノリティといった二元的な認識に還元できない、むしろ二元化の境界線をうたがわしくさせる運動が起こり、その両義性から批評的な思考の可能性が派生する場合もある。

もちろん、近代日本のナショナリズムの成立期を振り返ると、両義性が見えなくなるほどの、圧倒的な差別と暴力が立ちはだかる。「アイヌ」をめぐる物語は、他者を一方的に意味づける差別の力学から成り立っていた。そこには、「記号化される」当事者性をもった現実の人々を傷つける大きな暴力があり、こうした近代の差別と暴力は、現在のヘイトスピーチの文脈に回帰しているといってよい(1)。現実の暴力を作りだす、記号化が伴なった二元化する差別の力学を、つねに念頭におく必要がある。

加えて、近代的な暴力を支えてきた二元論的な認識が、現在にあって、新たな意匠で排除の構造を強化していることにも注意しなければなるまい。石原真衣『〈沈黙〉の自伝的民族誌《オートエスノグラフィー》』は、「サイレント・アイヌ」の概念を提唱することで、「沈黙」をめぐって重要な問題提起をしている。石原が鋭く論じるのは、和人とアイヌを二元的に認識する言説の負の効果として、二元構造からはみ出したようにみえるポジションから言葉が語られるとき、語られても聞き取られない「不在の言葉」になってしまい、沈黙が強いられるという現代の文化状況である(2)。

こうした沈黙と不可視の場所は、近代の差別構造を支える原理そのものから生成しており、石原の実践するアイヌをめぐる思索は、当事者性をめぐる政治性を思考することへと広がっている。沈黙を強いる力学は、二元化の構造からはみだす思考に制限をかけようとする。「サイレント・アイヌ」の概念から出発して考えてみるなら、自分がマジョリティの側に振り分けられていることを自覚する者が、マイノリティ化された記号に対して、想像力を媒介としたつながりや当事者性をもち、思考することを制限する力学がみえてくるだろう。(3) 当事者性の自覚やつながりの意識は、マイノリティへの無知に基づく暴力だと批難されやすく、また、ともすると容易に暴力的な抑圧にも置き換わってしまうため、マジョリティの側にいる者が、境界からはみ出して考えることをためらわせる要因は遍在している。いってみれば、無関心でいる方がずっと簡単なことなのだ。境界をはみ出す

1 現代のヘイトスピーチの構造を明快に批判した、岡和田晃、マーク・ウィンチェスター編『アイヌ民族否定論に抗する』(河出書房新社、二〇一五年)を参照されたい。編者二人による冒頭の対談では、アイヌをめぐる過去の差別的言説と現代のヘイトスピーチの相違について、現在のアイヌ民族否定論が「貶める」という意図によって組み立てられた言説であることを指摘し、また、相違があるとしてもその論理の構造を時間的、空間的に連続した問題だととらえる視点が必要だと論じている(岡和田晃、マーク・ウィンチェスター「対談 〝アイヌ民族否定論〟に抗する」)。

2 石原真衣『〈沈黙〉の自伝的民族誌——サイレント・アイヌの痛みと救済の物語』北海道大学出版会、二〇二〇年。

3 アイヌ民族に対する「和人」マジョリティ自身の当事者性について、マジョリティを有徴化しつつ対象化し、考察を展開した最近の議論として、東村岳史『近現代北海道とアイヌ民族‐和人関係の諸相』(三元社、二〇二一年)がある。

思考は複数の方法で黙殺され、不在の言葉として沈黙を強いられてしまう。

沈黙や無関心が行きわたる認識風景を異化するために、小説の言葉を手がかりとして、記号化が二元的世界像をあやうくする運動を可視化させてみたい。[4] そのために、近代初期の物語を概観した上で、現代文学として津島佑子の小説を参照し、差異と連続性を意識しながら、後ろめたさの情動を拾い上げる。マジョリティの側に配置され、「記号化する」当事者性をもつ側は、露骨に正当化する論理に対して、やましさや後ろめたさを覚えずにはいられない。しかしながらその情動こそ、沈黙や無関心を更新する契機となりうるのではないだろうか。たとえ「アイヌ」という記号に対し、自分が直接的な当事者性はもたないと感じたとしても、日本語を用いる者は、歴史的、文化的、政治的、経済的な構造のなかでまちがいなく「アイヌ」とつながっているはずだからだ。

2　近代初期における「アイヌ」の物語——ジェンダー化される身体

日清・日露戦争前後は、帝国日本において、ナショナルな物語が形成された時期であった。[5] 多くの議論があるように、「アイヌ」をめぐる物語には、天皇制を機軸とした帝国日本の植民地主義的なイデオロギーが反映した構造がある。[6] 北海道は「無主の地」と位置づけられ、先住民族であるアイヌは「古代の民」として、過去の時空に結びつけられた。さらに、人種化のイデオロギーをベースとした社会進化論的な言説のなかで、アイヌは病のイメージによって語られ、「滅亡」の危機に瀕した「憐れむべき」存在だという差別的なロジックが組み立てられていった。

これらは、記号化される当事者が、いまでも、知ることによって痛み、傷つくような言説論理にほかならない。小説もまた、同時代の言説とシンクロしながら、「アイヌ」という記号を物語の主人公として描き出した。改めて注目しておきたいのは、記号としての「アイヌ」が、物語構造のなかで女性ジェンダー化されていることである。

たとえば、幸田露伴・堀内新泉『雪紛々』（春陽堂、一九〇一年）では、女性登場人物「伊良部《イラブ》」が和人に捕らわれようとすることが戦いの契機となり、性的欲望の対象とされるヒロインが、戦争の物語を動かしている。物語の最終場面では、アイヌの共同体が戦いに敗れ、絶望して自死を選ぶヒロインの死が、民族の滅亡のイメージに重ねられる構成がみられる。同じように、遅塚麗水『蝦

4　ここで念頭にあるのは、松村友視『近代文学の認識風景』（インスクリプト、二〇一七年）が示した、近代小説の言語が備える批評的可能性である。同書では、小説の言語がフィクションであるがゆえに、いまだ到来していない「未来図」を読者の認識の中に描きうることが、文学の言語をとおして思考されている。

5　国民国家の物語が形成される過程で、「アイヌ」という記号が作用する言説構造については、拙著『帝国と暗殺』において詳述した（新曜社、二〇〇五年）。

6　テッサ・モーリス＝鈴木『辺境から眺める』（大川正彦訳、みすず書房、二〇〇〇年）、平野克弥「「明治維新」を内破するヘテログロシア」『現代思想』（二〇一八年六月）などを参照。

夷大王』（『都の花』一八九二〜九三年）でも、主人公の大王の第二夫人が、彼女を欲望する和人のたくらみによって拉致されることが、戦いの原因として設定されている。

また、武田仰天子『蝦夷錦』（春陽堂、一八九三年）では、主人公のアイヌの青年と、共同体の有力者の娘への恋愛感情が設けられる。身分を乗り越えるために共同体の外へ移動し、「日本」で「立身出世」した主人公が、アイヌの共同体に戻り、「日本」の権威を代行する主体として、女と共同体を支配する権力を獲得するという物語には、女性ジェンダー化されたアイヌが帝国的、男性的な側から欲望されるといった、帝国の語りの構造が重なっていることが読まれよう。

オリエンタリズムを背景にもつ帝国の語りは、帝国の主体が男性ジェンダー化される一方で、植民地の側の人種は他者化され、エキゾチックな性的魅力をもった女性のイメージを媒介に欲望の対象とされるといった定型をもつ。こうした定型は、帝国日本のイデオロギーと交差し、アイヌの女性への欲望は、植民地支配の欲望の比喩として機能し、正当化されるというわけだ。

女性ジェンダー化された「アイヌ」の身体は、病んだ器官をもつ女性身体と重ねづけられ、マイノリティ化された記号は病のイメージによって関連させられる。そのようにして、「憐れむべき」存在であるアイヌの「滅亡」の物語に説得力が与えられることになる。さらに、「アイヌ」をめぐる物語の磁場に、近代文学における差別の形式を支える「女の死」のモチーフが有効に機能することで、物語の因果は強化されていく。

重要なのは、こうした物語の定型に、同時に綻びやノイズが内包されていることである。一例として、『雪紛々』の成立事情には、興味深い両義性をみることができるだろう。この小説は、一八八九年の『読売新聞』に幸田露伴の作品として連載されたが、第一四回まで書かれたのち、執筆は中断される。一〇年以上経ってから、堀内新泉によって続きが書かれ、一九〇一年に二人の合作として、完結したかたちで出版された。一人の作家が構想したアイヌの物語が、別人によって書き継がれ、完結されるという出来事は、それ自体が、完結と未完をめぐる両義性を象徴しているといえるだろう。一方には物語を完成させようとする完結への欲望があるが、他方には、未完のまま開かれようとした判断と時間がいまにいたるまで漂い続ける。未完の意味を綴じ合わせたテクストは、それを読む者に、完結された地点に残響するノイズを聞き取らせずにはいないのである。

実のところ、綻びやノイズは、帝国の語りが上演される場にあってもさまざまに現象している。帝国の語りを見渡してみると、正当化のロジックとして、暴力を行使するのとは異なる「よい日本人」を登場させる形式、「混血」の要素を「日本人」というカテゴリーの「純粋性」を保ったまま帝国の側に奉仕させる形式などがあるが、それらは執拗に見えるほど反復されている。現在から過去を事後的に眺めるのではなく、反復の過程に降りたってみるなら、物語の定型はいまだ安定も完成もしておらず、むしろ、構造を安定化するために、イデオロギーにそって何度でも語り直さなければならなかったという、不安定なあやうさが透けて見える。すなわち、帝国の語りを既知のものとする現在からは安定しているように見える物語定型は、その境界の不安定さをつねに伴っていたのであり、生成のプロセスに視点をおいてテクストを読み込んでいくと、綻びやノイズが隠れもなくこぼれ落ちてくる。不都合な綻びを定型に綴じ合わせるために、崩れる境界を安定させようと、繰り返し帝国の物語を反復する必要があったのだ。こうした強迫観念的な反復運動のプロセスには、マジョリティの側から物語を生成し、受容するポジションにある書き手や読み手が、その定型の一方的な都合のよさに対して感じずにはいられない、やましさや後ろめたさの情動が附着しているといわなければならない。

3 津島佑子と小説の言葉――「半分アイヌ」の主人公と「あなた」

暴力と葛藤し、拮抗する定型の綻びやノイズ、後ろめたさの情動は、圧倒的な差別の暴力の前では、「不十分」な批評性とみえるかもしれない。だが、ジュディス・バトラーが憎悪言説における中傷の発話に呼びかけの力が内在していると示したように(7)、誰もが、敵にみえたり、貶めてもいい対象と思えたり、自分にとって価値はないと判断されたりする他者と、実のところ、つながりあう関係性を持たざるをえない。したがって、ヘイトを生産する側の「私」は、自らが認識しているのとは異なったかたちで、対象と深く関わり合っているのだし、同様に、たとえ見えていないとしても、否定的に関係する他者と、私たちは呼びかけの力と傷の両義性によって、互いにつながっている。こうした関係性がある以上、他者に向かう暴力は、翻って、自らを損傷する力学を生成し続けてしまうのである。

さて、憎悪や中傷に含まれる呼びかけの関係性を構成する間身体的な情動として、後ろめたさややましさ、負い目、罪悪感を挙げることができるだろう。津島佑子『ジャッカ・ドフニ　海の記憶の物語』(以下、『ジャッカ・ドフニ』と略記)を取り上げつつ[8]、この後ろめたさの情動を、暴力から隔たるための思考の可能性につなげて考えてみたい。

口承文芸に深い関心をもっていた津島佑子が、一九九六年に知里幸恵『アイヌ神謡集』(一九二三年)のフランス語版の翻訳と出版に尽力したことはよく知られている[9]。『ジャッカ・ドフ

7　ジュディス・バトラー『触発する言葉』(竹村和子訳、岩波書店、二〇〇四年〔原著一九九七年〕)。
8　津島佑子『ジャッカ・ドフニ　海の記憶の物語』は、完結した作品としては、津島佑子の遺作となる。初出は『すばる』二〇一五年一月号~八月号(四月号は休載)、単行本『ジャッカ・ドフニ　海の記憶の物語』は集英社、二〇一六年。文庫版は『ジャッカ・ドフニ　海の記憶の物語』上・下刊、集英社文庫、二〇一八年。引用は文庫版に拠る。なお、この長篇に先立つものとして、一九八七年に発表された短篇「ジャッカ・ドフニ――夏の家」がある(『群像』一九八七年五月号、単行本『夢の記録』文藝春秋、一九八八年所収)。
9　フランス語への翻訳と刊行をめぐる経緯については、津島佑子のエッセイ「アイヌ叙事詩翻訳事情」に詳しい(初出は『日本経済新聞』一九九五年一月一〇日~六月二六日、『アニの夢　私のイノチ』講談社、一九九九年所収)。

ニ』は、複数の物語と声が交錯するポリフォニックなテクストであるが、内在する試みの一つとして、現代的な新たな認識のもとで「アイヌの物語」を紡ぎ出そうとする力学が確認できる。岡和田晃は、『ジャッカ・ドフニ』を、先住民族の歴史を「衰退の歴史」ではなく「生存の歴史」として記述しようとする最近の研究動向に共振するテクストとして位置づけている。[10] こうした「生存の歴史」を記述する肯定の力学を念頭におきつつ、テクストに書き込まれた後ろめたさや負い目というモチーフを検討していこう。[11]

『ジャッカ・ドフニ』には、二つの審級が設定されている。一つは、作家本人を思わせる語り手「わたし」が生きる現在のレベルであり、もう一つは、アイヌの母をもつ「チカップ（チカ）」を主人公とする一七世紀の時空である。鳥を意味する「チカップ」は、ハポ（母）が娘に与えた名前である。チカップは自分の存在を「半分ニホン人で半分アイヌ」という言葉で認識しており、日本語の使用される空間では「チカ」と表記され、チカの名で呼びかけられている。

三歳でハポ（母）を失ったチカは、五歳のときキリシタンに出会い、行動をともにすることとなる。ツガル出身で、「ジュリアン」という洗礼名をもつ少年が、チカの兄のような存在となる。キリシタンたちと一緒にアマカウ（マカウ）を目指すため、チカは海を渡る移動を生きることになるのだった。

幼くして母を失ったチカにとって、思い出せることはほんのわずかである。だが、ジュリアンとチカは、移動を重ねる時間のなかで「ふたりでひとつの物語を作りあげた」。「おとなたちが教えてくれる話」と、チカの断片化された記憶を想像力によってつなぎ、二人は、「チカップ」をめぐるフィクションとしての物語を作り上げていくのである。

主としてチカップの物語の語り手となるジュリアンは、チカップの母の姿を対話的に描出していく。

少女はウマのにおいが漂う納屋で寝起きし、赤んぼに乳を呑ませながら、そして赤んぼを寝かしつけながら、ひっそりと、えぞの子守歌をうたいつづけた。おなかがいっぱいになった赤んぼが眠ってしまっても、いつまでもうたいやめなかった。(なあ、そうだったにちがいねえべ、

10 岡和田晃「歴史修正主義に抗する、先住民族の「生存の歴史」」『すばる』二〇一六年七月。さらに岡和田は、『ジャッカ・ドフニ』を軸に、津島佑子にとっての「アイヌ文学」を「全体主義や排外主義への抵抗」として、「生存の歴史」として読むことの必要性について論じている(岡和田晃「津島佑子と「アイヌ文学」」『津島佑子　土地の記憶、いのちの海』河出書房新社、二〇一七年)。

11 津島佑子の複数のテクストに共通するモチーフとして、「子どもの死」がある。川村湊は「それでもやっぱりどこかで負い目というか、息子の死に対して自分はものすごく責任があるんだという思いがある。世間からそういう眼で見られるということもあるわけですよね。社会的にも精神的にも、そういったことに抗っている」と述べている(川村湊・高澤秀次「特別対談　流動する世界を生きた作家」『津島佑子　土地の記憶、いのちの海』河出書房新社、二〇一七年)。

ほんで、おまえは体でこの子守歌をおぼえたんや、とジュリアンが言い、チカはうなずいた)

ルルル、ロロロ、モコロ、シンタ、ランラン、ホーチプ！　ホーチプ！……(上巻一一八頁)

「きっと」「わからんが」、「そうだったにちがいねえべ」といったジュリアンの推測混じりの言葉をチカは聞き、ときに迷ったり、うなずいたりしながら呼応し、同意し、物語が練り上げられる。語り、聞く関係から創作される対話的なチカップの物語が、チカを力づける。チカは体で覚え、体のなかに「縮こまって隠れて」いる「ハポやモコロ・シンタの歌」を、何年も時間をかけながら思い出していく。

ファオーウ……、かすかなハポの声が、チカの胸の奥から、まるでおくびのようにこみあげてきた。

ファオーウ。

声の意味は、けれど、チカにはわからない。たぶん、海につながる意味なのだろう。ほかの部分が出てくれれば、それがわかる。急ぐことはない。待ちつづけていれば、いつかきっと、ほかの部分も胸の奥からひょっこり出てきてくれる。そして、ひとつの歌になっていく。ハポが

幼いチカにうたってくれた歌。　（上巻二三五頁）

歌の記憶が想起され、待ち続けていれば、声の意味が訪れる。(12)ハポの存在を思い出そうと考え続けるチカはそのようにして「アイヌの物語」を生きる。母の存在を思い出すよすがは、兄のようにチカと関わり合ったジュリアンという少年との関係性から生まれた物語にほかならない。偶然の出会いを契機とするチカとジュリアンの関係が、チカと喪失された母との関係につながり、応答的に紡ぎ出された物語が、「アイヌ」を女性ジェンダー化する文化的コードや、「アイヌ」の女性登場人物を性的に対象化する近代的力学を書き換えていく。チカップという名を娘に与えたハポは、一人の女性として、具体的な手触りを通して読者に想像されることだろう。

12　ジュリアンの語る物語が「チカップがアイヌであることを肯定し、支える物語」となっていることを指摘する木村朗子は、十七世紀のキリシタンの物語も、語り手が「あなた」と「わたし」に分裂し、聞き手との関係性を含み込んだ語り手のパートについても同様に、小説のすべてが「出来事の一回性を語るためにあるのではなくて、アイヌのユカラ、ウエペケレのように、代々伝えられる「物語」として提示されている」と論じている（「ことばの揺りかごにゆられて」『津島佑子　土地の記憶、いのちの海』河出書房新社、二〇一七年、『津島佑子の世界』水声社、二〇一七年に再掲）。また、川村湊も「わたし」から「あなた」への人称の転換に「近代小説の話法から、主人公を自由に飛び出させ」る契機を読み取っており、「アイヌ・ユーカラの形式からヒントを得ていると思われる」と指摘している（川村湊「津島佑子の「大切」なもの」『津島佑子　光と水は地を覆えり』インスクリプト、二〇一八年）。

こうしたチカップの物語の外側に設けられるのが、作者である津島佑子に重なる、「わたし」の物語である。「わたし」は、二〇一三年から二年前を回想する地点にいる一人称の語り手であり、「わたし」の物語の中心には、八歳でいなくなってしまった息子「ダア」の死と不在がある。二〇一一年三月一一日を経験した後、語り手はアイヌ・モシリ／北海道を訪れた。そのときを回想する語り手の「わたし」は、小説の冒頭付近で、他者としての「あなた」に分裂する。

近づきたくなかった記憶の大波のなかにたたずむわたしは、なにを見届けたというのだろう。あなたは、いったい、なにを見たの？　二年後のわたしは、そう問いかけずにいられない。

（上巻一七頁）

「わたし」は、「二年前のわたし」を「あなた」と呼び、他者化するのだ。二〇一一年を生きる二人称の「あなた」を主人公として物語が読者に手渡されていくというしくみが設けられ、小説には「あなた」に向かって呼びかける関係が立ち現れてくる。「あなた」という二人称への呼びかけによって、読者は自分に向かって語りかけてくる力に巻き込まれ、読み進める過程のなかで、いつしか物語の一部になるのである。

さて、主人公となる「あなた」とアイヌ・モシリは、個人的な経験、固有性のある記憶によって結びつけられている。二六年前、カムイ・ユカラに関心をもっていた「あなた」が息子のダアと出かけた最後の旅行の行き先がアバシリで、そのとき、二人はジャッカ・ドフニを訪れたのだった。ウィルタ語で、大切なものを収めるところという意味をもったジャッカ・ドフニは、「あなた」にとって忘れられない象徴的な場所である。(13) ジャッカ・ドフニで、創設者のゲンダーヌさんは「子どもを心から受け入れ、愛しがってくれている」まなざしでダアに接し、写真を撮ってくれた。「あなた」は、この写真を息子の納骨堂に飾っている。

「ジャッカ・ドフニ」は、トナカイ遊牧民ウィルタの言葉で、「大切なものを収める家」という意味になる。その前庭に建つカウラで撮られたあなたたちの写真がダアの遺骨を守りつづけてくれている、だから、東京湾が見える丘のうえにあるその納骨堂もまた、「ジャッカ・ドフニ」と呼べるんじゃないか、そう、あなたは考えたくなる。（上巻三〇頁）

「大切なものを収める家」という「ジャッカ・ドフニ」という言葉は、「あなた」の願いとして、

13　北方少数民族資料館ジャッカ・ドフニは、一九七八年に開館、初代館長はダーヒンニェニ＝ゲンダーヌ（北川ゲンダーヌ）。二〇一二年に閉館し、所蔵資料は北海道立北方民族博物館に収蔵されている。

息子の死と生をめぐる、苦痛と喜びに満ちた記憶を包み込んでいる。

このような「あなた」とチカップの物語が並びあい、交錯することは、「あなた」の個人的な記憶と、アイヌ・モシリをめぐる歴史とが錯綜し、節合する場を現象させている。テクスト上で、「あなた」は自分を「東京から気まぐれに訪れた和人の観光客」と言い、ゲンダーヌさんのことを想起して、「和人のあなた」が、先住民族の人たちの、差別の構造のなかで感じる「おびえ」を簡単に想像することはできない、安易に想像できる気になってはいけないと戒める。

そんなおびえを、和人のあなたはどのていど想像できただろう。でも、ダアがどこかに消えてしまってから、ほんの少しは、そのおびえに自分が近づけたような気がした。（上巻四五頁）

「あなた」は、「子どもを失ったかわいそうな母親」として記号化される抑圧におびえ、ウィルタとしてのゲンダーヌさんの体験を自分に重ね合わせるのだ。

チカ／チカップの物語の背後には、大きな歴史と個人的な歴史を連続させる想像力をもった「あなた」が存在する。ジュリアンが「チカのために」作り、「そのおかげで、ハポの歌」を受け取れるようになった「ハポの物語」、語り聞く関係が編み込まれた物語は、「あなた」の想像力と交差する。読者はチカップの物語を、「あなた」が創作した物語だと想像しながら読み進めることになるが、その過程で、フィクションの次元に現れた「あなた／わたし」につながる作家・津島佑子の著したアイヌの物語、物語をめぐる歴史的な想像力を手渡されていくのである。津島佑子という現実の作家が、「わたし」という主体的な語り手から生まれた、語られる主人公として受動化される「あなた」のポジションに重なり、「わたし」と「あなた」が呼びかけあう場所から現出されているのが、フィクションとしての「アイヌの物語」だといえるだろう。

4　共鳴と後ろめたさ——運ばれるフィクションの声

「あなた」の認識のなかには、一方でマイノリティに対する共感があり[14]、他方には、「和人」としての立場への罪悪感がある[15]。この罪悪感は、最初に述べた、近代初期の物語がノイズとして綻びとして含み込んだ、後ろめたさの情動に同期するものだといえるだろう。

14　川村湊は、『ジャッカ・ドフニ』には、エスニック・マイノリティのみならず、すべての少数者や「境界人」たちの立場に対する共感、「津島佑子の文学の本質」が表現されていると位置づけている（川村湊前掲論）。

15　たとえば、ル・クレジオは「彼女のアイヌ民族への賛嘆の裏には、ある種の罪悪感のような暗い部分もあったかもしれません。いずれにせよはっきりしていることは、支配的な現代文化の側にいる私たちのだれも、この問題について完全に潔白であるとはいえないということです」と記している（「ル・クレジオ＋今福龍太　往復書簡」『すばる』二〇一六年六月号、『津島佑子　土地の記憶、いのちの海』河出書房新社、二〇一七年に収録）。

むろん共感による連帯を安易に主張することはできない。マイノリティがつねに等しい体験をするわけでもなく、みせかけの連帯によって差異が消去されてしまう問題があるからだ。

だが、『ジャッカ・ドフニ』にある批評的な可能性は、主人公の先住民への共鳴と、それに伴われる後ろめたさが、自分自身の極めて個人的な経験や感情とわかちがたく切り結ぶことによって、フィクションとしてのチカップ／チカの物語を生成する原動力になっている点にある。「わたし」から分裂した「あなた」が主語になる物語は、「わたし」の語る権力によって占有されない余地をつねに産出する。主体的でもあり、受動化されてもいるポジションにあって、アイヌの母をもつ少女を主人公とした物語が想像されることからは、語られる側を受動的対象として一方的に閉じ込めないための方法が見えてくる。フィクションの背景には、「半分アイヌ」で「半分ニホン人」のチカップ／チカを描くために、アイヌという他者に近づこうとする意志、重ねられた努力と経験が読まれるし、チカップでありチカである主人公の存在からは、アイヌの物語はニホンの物語であって、同時に、ニホンの物語がアイヌの物語であるようなフィクションの次元が構成される。

さて、キリシタンたちの目的地だったマカウに到着してから、チカとジュリアンの関係は変質せざるをえない。チカは「半分アイヌの部分が消えてしまったら、そのあとは、半分のニホン人として生きていく」のかと不安に満ちた疑念を覚え、故郷であるアイヌの土地に戻りたいと心から思えないのは「アイヌの部分」が「半分」だけだからなのかと、居心地の悪さを感じ続ける。その思いをジュリアンと共有したいが、ジュリアンには「ニホンのきりしたんのため」に生きる「使命」があり、いつでも勉強や仕事を優先せざるをえず、二人はほとんど会えなくなる。

子どもから大人へと成長する過程で、二人の間が、ジェンダーの権力によって隔てられてしまうことに着意しておきたい。あるとき、「セミナリオもコレジオも女はいっさい受けつけんよ」と聞かされ、チカは傷つき、「ジュリアンがそこで暮らしているにもかかわらず、セミナリオやコレジオという場所を心の底から信頼することができなくなってしまった」。チカの身体の成長は、ジュリアンに一緒に祝ってもらうことはできず、それどころか「おなごの誘惑はいっさい許されん。おまえがわしを誘惑して、どうするんや」と叱責される。人生の岐路で、ジュリアンはチカに、イサベラという名の尼になって尼寺で生きることを提案するが、それが「チカにはがまんのならない状態」だということに気づくことはない。「ジュリアンはもう、チカとはべつの世界に生きはじめているのだ」。年を重ねたジュリアンは今のチカを理解できなくなり、チカは悲しみながら、ジュリアンを残して移動することを選択していくのだ。「なつかしいジュリアン、今まで兄と思いつづけてきたジュリアン、ときには、幼い弟のようにも感じられたジュリアン」こそがチカにとってのジュリアンにほかならない。チカのためにハポの物語を作り、その物語に支えられて生き、「そのおかげで、ハポの歌を体の奥から手繰り寄せることができた」という思いをもって、チカはジュリアンと別れ、海を渡る。

こうして移動を選んだチカップ／チカの切望は、一つは、死んでしまったハポがチカップに語り聞かせた歌や声を思い出すことである。

ハポの一族は今もハポの帰りをアイヌの土地のどこかで待ちつづけているんじゃないか、と想像する。すると胸が熱くなり、ハポの娘チカップがマカウでこうして生きていますよ、そう伝えたくなった。［…］

本当に、もうチカの体の半分であるアイヌの部分は消えていくにまかせるしかないのだろうか。あきらめ気味に思うときもあった。それでも、チカの口からはハポの歌が流れでてくる。ルルル、ロロロ、と舌を震わせると、眼に映る世界が生き生きと動きはじめ、チカに応えてくれるのを感じることができる。［…］

チカは自分を取り巻く歌に耳を澄ませながら、ハポの歌をうたいつづける。そのように歌をうたっていると、自分が生きているかぎり、どんな遠くの土地に行っても、歌が消えてしまうとは考えられなくなった。

（下巻五九～六〇頁）

アイヌのことばによるアイヌの歌は、消えてしまうように思っても決して消滅しない。チカが歌い続けているかぎり、チカの物語が読者に読まれ、再現するそのたびに、アイヌの歴史や物語は世界に現れるからである。チカの行為は、アイヌの物語を世界に現し続けるのだ。

そのチカのもう一つの切望は、自分の選択によって離ればなれになってしまい、生死もどこにいるのかもわからないジュリアンに手紙を出し、自分の声が届けられることである。「兄しゃま」「ジュリアンしゃま」と呼びかけ、「チカップが兄しゃまに」送る文は、「ひらがなをほとんど忘れてしもうたので、こんげんしてチカップのことばをほかのひとに書きしるしてもらうけんど、それでかんべんしてくんしゃい」とはじまる、「代筆」された物語になる。(16)

兄しゃま、そろそろこの文をとじねばなりません。

もし、まだどこかでいきとるんなら、ねむるまえに耳をすませてみてくんしゃい。夜の鳥たちのさえずりのなかに、チカップがうたうモコロ・シンタのうたが聞こえてくるかもしれん。

(下巻二二七頁)

16 西成彦は、海を渡る一七世紀女性の南洋行の物語の前提に「じゃがたら文」の「お春」の物語があることを指摘している。一六二五年にイタリア人を父として長崎で生まれたとされるお春は、国外に追放され、故郷の人々に宛てたという和歌混じりの「じゃがたら文」を残したとして知られている。西は、『ジャッカ・ドフニ』について、「底辺」を生きる女性たちの「海の物語」を「掘り起し、再創造」するという「聞き書き」ならではの作業を「小説という形を使って引き受けようとした」現代文学として論じている(西成彦『声の文学』新曜社、二〇二一年)。

ジュリアンに向けられた、「代筆による三通の文の物語」は、その後のチカップの人生を、手紙のなかに響く歌声とともに、読者に伝える。ジュリアンに宛て、届くかどうかわからない、小さな可能性にかけるチカップの意思が、物語を運ばせようとするのだ。

チカップとハポとの関係にも、チカとジュリアンの関係にも、暴力による関係の切断と、その先を生きなければならない後ろめたさが交差していることに注意する必要がある。後ろめたさを自覚しながら、チカップ／チカは、大きな境界によって隔てられた、大切な他者との間に、声のやりとりを切望し続けるのだ。生と死の境界によって、過去と現在、歴史の時間と現在の時間の境界によって、チカップとハポ、チカとジュリアンは遠く隔てられている。また、フィクションのなかのリアリズムとして、チカはハポの声を直接聞けないし、ジュリアンの声を直接聞くこともできない。しかしながら、読者がそれを読む現在において、越境は可能となる。読者は、チカップの切望を読むことができるからだ。読者がチカップの切望を読むとき、書かれた小説の言葉において、読者の想像力は設定された境界を行き来することができ、生と死を隔てる境界は無効になる。小説の言葉の時空では、読み返せば、死者が生きていたときの時間が何度でも世界に現れ出るからである。

チカップ／チカの後ろめたさと絡まりあった声をめぐる切望は、海を渡り、境界を越える彼女の行為、移動の運動と結び合わされ、境界を越境する切望になる。そして「あなた」がいなくなってしまったダアを思い起こす行為は、チカップの切望と相似する。こうした構造のなかに、「あなた」が、他者の物語を横領してしまうことへの罪悪感や恐れ、ダアを死なせてしまった、殺してしまったという自責の念や後ろめたさが配置されていく。つまり「あなた」は、後ろめたさの情動をフィクションに接続させることで、他者の物語を自分と関係する物語として組み立て、自分と地続きの物語として歴史を現在のなかに立ち現そうとする。

そして「あなた」と呼びかけられた読者もまた、フィクションのなかにいる。フィクショナルな「あなた」の物語にある痛みとやましさは、それを読む読者の現在のなかに、読者自身の身体がもつ感触を通して縒り合わされ、ほかならぬ「わたし」へと重ねづけられずにはいないだろう。

小説のラストシーンでは、一九六七年のオホーツク海を背景に、旅をする二〇歳の「あなた」が「アイヌの歌」をきれぎれに伝える「海の歌声」を聞き取る。それはフィクションの声であり、チカップの声だ。ハポやジュリアンの存在と交わるアイヌの物語でもある。時空を越えて、声が運ばれる。そうした越境は、現実には起こりえないことなのかもしれない。だが、フィクションの力としてそれが起こりうると考える感性がもたらされたとき、「リアルなもの」と思っている基準線は組みかえられ、ありえない越境は、ありうるかもしれない可能性に置き換えられるだろう。声は運ばれるかもしれないし、聞き取られるかもしれないのだ。このフィクションの力は、記号化が二元的な世界像をあやうくする批評性を媒介にして生まれたものである。

小説の言葉を批評的に読むこととは、他者の言葉を読み取ることである。この他者は記号化され、フィクションのなかに存在しているが、紛れもなく現実の一部である他者だ。倒錯した言い方になるが、物語と現実の間に越えられない境界があるという臆断を活用することによってこそ、フィクションは不意の遭遇をもたらすのかもしれない。ヘイトや憎悪を標準化した現在にあって、敵だから、関心がないから、と思う他者と、思いがけない偶然の出会い方をさせるフィクションの力を活性化するための思考が必要とされている。

記号が照らすすき間、記号から逃れる本人
大阪市西成区でのヤングケアラー調査をもとに

村上靖彦

1. ヤングケアラーとは誰か

ヤングケアラーの発見

現在大阪市西成区などでヤングケアラーを経験した人たちのインタビューをしている。またその研究の外でもヤングケアラーの定義に当てはまる人にインタビューをする機会がある。以下ではそのなかでえた知見から「ヤングケアラー」という名称をめぐって考えられるいくつかのトピックについて議論していきたい。

ジョエル・ベストは『社会問題とは何か』において、クレイムを申立て、(しばしば極端な)典型例を主張することによって社会問題は初めて名前が与えられ可視化されると主張した。[1] あるいは宮

地尚子は、スチュアート・ホールを引きながら、外部から強いられたスティグマとしてのアイデンティティに対抗して、自ら（たとえば「性暴力被害者」として）アイデンティフィケーションしていく投企について論じ、同時にこのように選び取ったラベルはあくまで暫定的なものであり、そこから逃れて脱アイデンティフィケーションしていくこともできると語った。(2) つまり何かのラベルやアイデンティティは強いられたスティグマなのか、自ら問題化して選び取ったものなのかなどの状況によってその意味が大きく変わってくる。

ヤングケアラーという言葉が日本の対人援助職のあいだで広く知られるようになったのは、澁谷智子の『ヤングケアラー』（二〇一八、中公新書）の出版によってであると思われる。阿部彩の『子どもの貧困』が出版された二〇〇八年から子どもの貧困ということが大きな話題になり始めた次の波として、ヤングケアラーが話題になっているということもできるのかもしれない。そして二〇二〇年の毎日新聞の特集記事をきっかけにして報道が続いたことで、(3) 広く一般の人にも広く知られるようになった。例えば二〇二一年度に大阪市は市内全域の中学校でヤングケアラー調査を行うなど、対応すべき課題として行政からも認知されるようになっている。実際、私が参加していた要保護児童対策地域協議会でも、毎月検討される七〇〜八〇件の家庭のおそらく半数近くがヤングケアラーに該当するということが、要対協メンバーの共通認識になりつつある。

澁谷智子は著書『ヤングケアラー』の冒頭で「ヤングケアラー」を次のように定義している。

ヤングケアラーとは、家族にケアを要する人がいるために、家事や家族の世話などを行っている、一八歳未満の子どものことである。慢性的な病気や障がい、精神的な問題などのために、家族の誰かが長期のサポートや看護、見守りを必要とし、そのケアを支える人手が充分にない時には、未成年の子どもであっても、大人が担うようなケア責任を引き受け、家族の世話をする状況が生じる。(4)

ヤングケアラープロジェクトのホームページには、以下のようなケアの例が書かれている。

・家事：料理や洗濯、掃除など

1 ジョエル・ベスト（二〇二〇）『社会問題とは何か――なぜ、どのように生じ、なくなるのか？』、赤川学監訳、筑摩選書、51頁
2 宮地尚子（二〇〇七）『環状島＝トラウマの地政学』、みすず書房、一一三－一一四頁
3 毎日新聞「クローズアップ：ヤングケアラー　10代介護、可能性奪う　心身疲弊、学業諦め」東京朝刊、二〇二〇年三月二二日。この記事の反響を受けて、毎日新聞は二〇二〇年五月五日から六月二七日まで五回の「ヤングケアラー～幼き介護」という連載記事を組んだ。
4 澁谷智子（二〇一八）『ヤングケアラー――介護を担う子ども・若者の現実』中公新書、ⅰ頁

・一般的なケア：着替えや移動の介助など
・情緒面のサポート：見守り、声かけ、励ましなど
・身辺ケア：入浴やトイレの介助など
・きょうだいの世話：世話、見守り
・その他：金銭の管理、通院の付添い、家計を支えるための労働、家族のための通訳など[5]

この新しく輸入された概念に特徴的なことは、家族のケアを担っている子どもは歴史的にも現在も多数存在していたのにも関わらず、それとして認知されていなかったということ、そして記号が与えられた途端に突然可視化しようとする強い力が働いていることである。

親やきょうだいのケア、あるいは家事労働を担うことで、学習機会や遊ぶ機会が制限される。ケアラーとなったがゆえに睡眠や食事も不足し不登校になる子どもたちは昔から多数存在していただろう。それらの子どもは、それまでまったく存在が認められていないかあるいは「不登校」「ネグレクト」といった別の（ネガティブな）記号を充てられていた集団のなかにいたのだ。

ヤングケアラーという記号が生まれたことで、彼らがそして彼らの家族がサポートを必要としている存在であることが認知されたことは大きな前進である。「子どもをネグレクトする親」というネガティブな記号ではなく、「生活へのサポートがあれば子どもも安心して学校に通える」という

実質を見て取ることができるようになった。そしてそもそも子どもは家族を支える力を持った存在でもあることが発見された。子どもの「力」を取り出すことができたという面は大事だろう。このような、困難と力の両義性もヤングケアラー概念に特徴的なことである。

学校も児童相談所も、不登校や頻繁な遅刻などで困難に気づいたとしても、積極的な虐待の兆候がないときには積極的な介入は難しく、「見守り」というあいまいな言葉が充てられることは多かった。「見守り」は介入しないということなので、「放置」になりかねない。

例えば要保護児童対策地域協議会（要対協）では、多くのケースが「差し迫った虐待のリスクはないが見守りが必要」というような表現で語られていた。多くの場合、親の精神疾患などが理由で遅刻欠席が多く、「ネグレクト」という別の記号が当てはめられているのだが、ヤングケアラーという視点で見てみると、「虐待」ではなく親が抱える困難と子どもたちが家族をサポートしている様子が分かってきた。見え方が変化すると、子どもや家族への支援の検討が変化していくこともある。あるいは明確な虐待がある家庭の場合でも、子どもが親を慕っていることが見えてくることでサポートの方針が変化する。現状では支援策は不十分ではあるが、今後改善しようという動きが今起きている（とはいえ、最近は「ヤングケアラー」という言葉が新たなスティグマとなり傷ついている母

5　https://youngcarerpj.jimdofree.com/（ヤングケアラープロジェクト：二〇二〇年四月二二日閲覧）

親たちがいるという話も聞く。もしかするとラベルというものはつねにスティグマとなっていく運命にあるのかもしれない)。

さらに要対協に挙がらないヤングケアラーも多数いると想像されるため、現在、私が関わっている大阪市西成区役所と西成の支援団体では、大阪市が計画している大規模なヤングケアラー調査と併せてより細かい支援者と子どもたちへの調査を行い、それを具体的な自治体の支援策へと結びつける計画を実行しつつある。

身体的な病や身体障害がクローズアップされるがそうとは限らない

本論では記号と言葉という視点からヤングケアラーを考えていく。ヤングケアラーという記号の運用の問題をまず一つ挙げたい。

現在テレビなどで報道されるヤングケアラーからおそらく視聴者や読者が受けている印象と、現実のヤングケアラーのあいだにはずれがある。ヤングケアラーを専門的に論じる研究者や支援者には周知のことであるが、ヤングケアラーと言われる人々の家族背景はきわめて多様である。ところが報道では身体的な病や障害を持つ親やきょうだいを介護し、家事代行をするヤングケアラーが登場することが多い。報道の先鞭を切った二〇二〇年三月二二日の毎日新聞の記事でも認知症の祖母を介護する男性が取材を受けていた。

男性が心身に限界を迎えたのは高校2年の2月。朝起きようとすると全身が重くて動かない。何もする気にならず、学校に行けなくなった。休学して介護に専念すると、「友達と自分は住む世界が違う」と比べることがなくなり、イライラは楽になった。復学を目指したが、祖母の症状はさらに悪化。男性は1年後に退学した。制服など高校の物は全部捨てた。（毎日新聞「クローズアップ：ヤングケアラー　一〇代介護、可能性奪う　心身疲弊、学業諦め」二〇二〇年三月二二日東京朝刊：二〇二一年一〇月四日閲覧）

毎日新聞のその後の連載「ヤングケアラー～幼き介護」（二〇二〇年五月五日～六月二七日）では統合失調症、高次脳機能障害、重い障害を持つきょうだいの介護といった多様な状況が報道されていたが、断片的な報道でのみこの言葉に触れた人は、親の体が不自由であるため家事を手伝って疲労している子どもの姿を思い浮かべるのではないだろうか。

今までインタビューをお願いした何人かのうちの一人はくも膜下出血で倒れた母親の介護を担っていたので報道の姿とかぶるが、数人の母親は深刻な物質依存であり（AさんとBさんの母親は覚醒剤依存、Cさんの母親は睡眠薬依存）、日常生活と子どもの養育に困難を抱えていた。BさんとCさんは不登校を経験している。このような家庭はこの地区では典型的な事例であるが、報道で作られたヤングケアラーのイメージとは少し異なる。私がお話を聴いたなかでCさんは疲弊しきっていたが、それは母親が頻回な自殺未遂を起こすなかで束縛され続けていたことについてであり、身体的な疲労ではなかった。もちろん疲労しきっている人たちが典型例でありうることは否定しない。しかしヤングケアラーの実情はそこに収まるものではない。

たとえば、要対協で強く虐待が疑われていた家庭で、「やんちゃ」と言われる中学生男子が、乳児の妹を抱っこして地域の居場所を訪れる様子を私自身も目にすることがある。この場合、親へのサポートも彼自身やきょうだいへのサポートも必要である。「ヤングケアラー」と聞いて、学校や路上で「いらんことして」生活指導の教諭が呼び出して面倒を見るような、やんちゃな少年を思い浮かべる人は少ないのではないだろうか。ケアを受ける家族もさまざまであるし、ケアを担う子どももさまざまである。それではこのとき何が子どものケアを導き出すのか。

家事をする子どもではなく「心配する」子ども

ケアとは、もともと家事労働のことではなく「気づかう」「心配する」という動詞である。この動詞にさかのぼってヤングケアラーを考えたほうがよい。ヤングケアラーとは何よりまず家族のことを心配する存在なのだ。

母親が覚醒剤依存だったBさんは次のように語った。

Bさん　母親はめっちゃ多分、好きやったんですね。保育園生のときなんかは母親にべったりみたいな感じ。母親から離れたくないみたいな感じなんですけど。小学校に入ってからは別に離れたくないってわけじゃないけど、でも、好きやったし。母親がしんどい思いしてるんやったら、心配になるしみたいな感じですかね。

覚醒剤依存のなかで頻繁に替わる「やくざ」のパートナーから暴力を受ける度に夜逃げを繰り返し、毎晩カップラーメンで飢えを凌ぐ貧困のなかでBさんは生きてきたのだから、「めっちゃ好き」という言葉は意外に感じる人もいるかもしれない（しかしこの点ではBさんは西成のヤングケアラーの典型だ）。ともあれ「母親が自分を一番に思ってくれた」ことと、母親が「心配になる」ことが、母親のそばにBさんが居続けた理由である。私がインタビューをとった人のなかで「ヤングケアラー」と呼びうる人のほとんどが、労働よりも前に家族のことを気づかい心配する人だった。

ヤングケアラーについての量的調査は、家庭でどのようなケアをどのくらい「行い」それによってどのような影響が「生活」に生じているのかを問う。教員や援助職が調査に回答することが多いので、子どもの「情緒不安定」やどのように疲労しているのか、「表情が暗い」というような調査項目が入ることはあるが、ヤングケアラーと見なされた子どもが実際のところどんな思いで状況を生き抜いているのか、家族をどう思っているのかについては問われることは少ない[6]。そして、仮に「どのような感情なのか」問われたとしても、子どもがその瞬間に本心を明かすとは限らないのではないだろうか。

もちろん「気づかい」や「心配」だけではない多様な感情の動きがある。「ヤングケアラー」という言葉はこのような強い感情を覆い隠してしまうかもしれない。先述のBさんの友人のCさんが唐突にBさんについて語った場面では、Bさんと逆の感情が語られた。


Cさん　お母さんに対して『死ね』って、本当『死ね、それぐらいやったら』って思ってたけど、○○〔Bさんのファーストネームを呼び捨てにした〕がお母さん〔が踏切に飛び込んで〕亡くなったときに多分、一番最初に電話してくれたの私やって。

メールしてたんですよ、ずっとその日は、○○と。「今、おかんが買い物行ったわ」みたいな。だから「買い物行ったわ」までやっているんですよ、メールを。で、『返事返ってけえへんな』って思ったら、電話かかってきて、「おかん死んだわ」みたいな。

めっちゃ泣いてて。

『ああ結局、〔母親が亡くなったら〕苦しいんやん』と思って。だから、『〔私は〕お母さん殺すまい』と思ったんです、私は。○○見てって言ったらあれですけど。『結局、苦しいんやん』

と思って、死んでも。生きてても苦しいし、死んでも苦しいし、『私なんで生まれてきたんやろう?』って。

Bさんの母親が衝動的に自死した日、知らせを聞いたCさんは「死ね」と思っていた母親を「殺すまい」と思い直す。しかしそれは「生きてても苦しいし、死んでも苦しいし、『私なんで生まれてきたんやろう?』」という行き場のない困難のなかにあるがゆえの決心だ。(母親が過量服薬するたびに救急車を呼んでいた)Cさんはすべての家事を担いながら母親に束縛され家から出られなくなっていたのだが、家事労働の背景にあるのはこのような憎悪だ。

愛情や憎悪を感じるヤングケアラー本人だけでなく、さらには子どもにケアを受ける親もまた不安や怒りといった強い感情に飲み込まれている。感情が場を支配しているということは、個人対個人のあいだのやりとりであるというよりも、まずは感情的な巻き込みが一つの「場」を作り、そこからケアラーとしての行動が発生しているということを示すだろう。依存症や精神疾患などの困難な状況があって、そこで強い情動がぶつかりあう場がひらかれ、そのなかで家族メンバーそれぞれの行動が自ずと決まってくるのだ。ヤングケアラーとはその帰結のうち或るグループを括りだして

6　大阪市西成区で濱島淑恵大阪歯科大学准教授の主導で計画されている質問紙調査を参考にした。

与えられた名前である。

2．ヤングケアラーという記号に対して子どもはどのように位置取りするのか

SOSを出しうるかどうか

ＳＯＳを出すか出さないか、という段階にいる子どもはまさに困難の渦中にあり、通常「ヤングケアラー」という記号を知る手前にいる。つまりヤングケアラーという名称の手前の危機的な状況においてＳＯＳが可能になるプロセス＝自分自身について言語化するプロセスをめぐって大きなポイントがある。

過量服薬で何度も救急搬送される母親を見守り続け、小学校高学年から一切の家事を担い、不登校になったＣさんは振り返って次のように語った。

Cさん　私にとったら、おばあちゃんがまず〔病で倒れて〕いなくなったことが初めての経験なのに、お母さんと2人で住んでこういう状態っていうのは、どこの家庭も一緒やとは思ってないですよ、『なんで私、こんな苦しいんやろう?』と思ったけど、誰かに助けを求めないといけないような状態じゃないとは思っていました。

苦しさは自覚していたがそれをSOSとして出せなかった様子をCさんは語っている。このあといくつかの出来事で、CさんはSOSを出すことができるようになっていくプロセスを語りながら繊細なひだを通して自分自身を説明していくことになるのだ。

「ヤングケアラー」という言葉は支援者が困難状況にある子どもを発見するためのツールとなるということは先ほど述べたが、子ども本人の側を見ると、ヤングケアラーという言葉を得たことが直接の理由で、周囲にSOSを出すことができるようになったという人とは私自身はまだ出会ったことがない。例えば、Cさんは、母親が救急搬送された病院から警察に虐待疑いの通報があったことでSOSを発する可能性を手にする。

Cさん　「話聞かせて」って来たおっちゃんがおったんですけど、それが大阪府警の私服警官やって、「虐待されてるんちゃうか」っていって、ぱかって、本当、刑事ドラマみたいに「大阪府警なんやけど」って、「けがしてないか」とか、「ご飯食べてるか」とか言われて。多分、救急隊の人が通報したんじゃないかなと思います、今から考えたら。でも、「大丈夫です」って〔答えて〕。私はそこで『はっ』として、『自分もこんなにしんどいし、自分だけの話じゃなくなった』と思ったんですよ。お母さんのこと、一応、病人という認識はあったから、『救急車に乗って、病院の人が困った顔するのは仕方ない』と思っていたんですよ、だって、病人やと思ったから。でも、警察って犯罪に関わることって、だって子どもでも分かるじゃないですか。『え、私も犯罪者なんかな』ってちょっと思っちゃったんですよね、怖くなって。『そんなやばいんや、こいつ』って。お母さんに対して思ったから。

Cさんの場合は睡眠薬依存の母親のために何度も救急車を呼んでいる。彼女にとって「社会」を体現している警察官とかかわったことで、社会に向けてのSOSを出すことに思いいたり、実際病院から戻るやいなや区役所の生活保護ソーシャルワーカーに電話をしたのだった。

あるいは母親が覚醒剤依存だったAさんの場合は、母親が逮捕されることを恐れたゆえにSOSを出すことができず、さらに周囲の援助職は気づいていたのに語り出すことができないという状況に追い込まれている。[7]

Aさん　男の人、相手の人とかも結構ころころ変わって、おった人が捕まっておらんくなったらまた新しい人が来て、また捕まって、それの繰り返しで。もう3人ぐらい男の人が出入り、彼氏みたいな感じでいた感じにはなるんですけど。そのときは私は、里〔こどもの里〕には言わなかったんですよ。言わなくて、『言ったらママが捕まってしまうんじゃないか』って思ってたから。だから言えなくて。多分、里も、そんとき気づいてたんかは分からないんですよ。でも多分、気づいてるんです。気づいてるとは思うんですよね。でも逆に、私の母しっかりしてたんで。お弁当とかもめっちゃ凝って作ってたし、そういうのが一気になくなるとやっぱ気づくじゃないですか。だから多分、気づいてたと思うけど。「気づいてたよ」っていうのは、私は別に伝わってないから、どうやったかは分からないんですけど、夜ご飯とかもないとき、ママと連絡が全然、取れないときとかも、里の人に家来てもらってとかもしましたね。

Aさんの場合は、自分は気づいてる、「でも」言わない、あるいは支援者も「気づいてたんかは分からないんですよ。でも多分、気づいてるんです」と、「でも」を挟んで「気づく」「気づかない」「語らない」という知と言葉の両義性のなかで、SOSを出すことができなくなっている。Aさんは母親の逮捕をきっかけにして隠す必要がなくなり、積極的に思いを周囲に訴えることができるようになっているとともに、インタビューの語りもクリアになる。Cさんの場合も、Aさんの場合も、

7　Aさんの語りの詳細な分析は村上靖彦編（二〇二一）『すき間の子ども、すき間の支援――一人ひとりの「語り」と経験の可視化』第7章で提示した。

本人が秘密にしていて周囲も触れないようにしていた家庭の状況がまずあり、しかし警察が関わるという大きな出来事をきっかけにして乱暴にオープンになったことで周囲に訴えることが可能になっている。

私が西成で関わっている対人援助職の皆さんは、潜在的なSOSをどのようにキャッチし、それを具体的な支援につなげるのかということに神経を使っている（私はこれをSOSのケイパビリティと呼んでいる）[8]。しかしAさんの場合のように、触法の場合はSOSを支援者がキャッチしていたとしても公にできないという難しい問題が生じることになる。「触法」という象徴構造は、「ヤングケアラー」という可視化する記号とは逆向きに隠蔽する圧力となる。実はそのような沈黙を強いる状態にはさまざまな布置があるだろう[9]。犯罪や差別はその典型である。ヤングケアラーであるという記号からは独立して、沈黙を強いる言語状況が折り重なっている。

自分自身をどのように自覚し、どのように語るか

「ヤングケアラー」という言葉はつい最近一般に知られるようになった言葉である。それゆえ私がインタビューしている人たちが子どもの頃にはその言葉は存在しなかった。しかしこの言葉がなかったからといって、彼らは困難を自覚していないわけではなかった。

困難の自覚にはさまざまな段階がある。漠然と苦しいと思っていても言葉になっていない状態、

支援者との関わりのなかで困難を自覚し言語化する段階、苦しさを自覚してＳＯＳを外部に向けて出す段階、自らの状況を一般化して当事者の代表として発言する段階などである。たとえ外部の支援者からは気づかれていなかったとしても、彼らは自分たちで（ヤングケアラーという言葉を用いることもなく）自分たちの状況についての言葉を探し出していく。言葉を獲得していくプロセスは、実はヤングケアラーとして彼らが主体化していくプロセスと重なる。つまり「ヤングケアラー」という記号の外側で、彼らは言葉を獲得し、ヤングケアラーとして主体化する。インタビューはその主体化のプロセスのダイジェスト版であると言える。

語りのなかで自分自身を作り出していくプロセスは一言で済むものではないため、数行の引用を見つけることは難しい。一人ひとりの語り全体が、かろうじてその人の「自分自身」を縮約する。そもそも語り全体のなかで、語り手の姿が作られ、変化していく。しかもその姿は自分について語る語りのなかで形成されるわけでは必ずしも無い。むしろ親やきょうだいについての思い・行為・語りを通して自分自身のスタイルが形成されていく。

8　村上靖彦（二〇二一）『子どもたちがつくる町――大阪・西成の子育て支援』、世界思想社、第5章

9　石原真衣は、アイヌ民族の差別と同化の歴史にともなう沈黙への圧力を描いている（石原真衣（二〇二一）『〈沈黙〉の自伝的民族誌《オートエスノグラフィー》――サイレント・アイヌの痛みと救済の物語』、北海道大学出版会）

状況のなかで自ずと決まってくる行動があり（それが「ヤングケアラー」と外からは呼ばれる）、それに対して自ら意味付けをしながら、さらに（ときにはヤングケアラー後の）未来の行為が選ばれるのだ。つまり私が聴き取ってきた語りは、意味付けのプロセスであると同時に、ヤングケアラー以後の人生をどうやって作るのかという「その後」についての語りだった。

「ヤングケアラー」という記号は、本人ではなく、支援職が困難を抱えた子どもを発見するためのメガネである。[10] 子ども本人は、（全員ではないが）自分の経験のプロセスのなかでだんだんと自分の状況に対して言葉を発見していく。そしてこの言葉は、特定のラベルに還元されることがない多様さを持っている。もちろん今後ヤングケアラー調査が一般化したときには、早い時期から「ヤングケアラー」というラベルで自らのことを自覚する子どもも登場するであろうが、今までのところは子どももそれぞれのあいまいな状況のなかで、異なる言葉を紡ぎ出すプロセスをたどっている。自分自身の言葉で自らの人生を言葉にするプロセスは、ヤングケアラーに限らずとりわけ困難な境遇を生き延びる人にとっては重要な意味を持つだろう。

ヤングケアラーという記号に包摂されうる子どもたちがいることはたしかであり、この言葉によって初めて彼らの困難が支援者にとって可視化されることがあるのも事実である。とはいえ、状況に対しての応答の仕方は一人ひとり異なるし、本人のスタイルを形作るのは、状況の個別性と、当事者本人による状況への応答の仕方である。この具体的なプロセスをまずは一人ひとり細かく見ていかないと、ヤングケアラーという記号が独り歩きしてしまうだろう。ヤングケアラーの声を聴くことは、自分が持つ困難と力を自覚しつつ、若者がそれぞれのしかたで生を形作っていくプロセスに立ち会うことなのだ。

ヤングケアラーという記号に対する位置のとり方

母親がくも膜下出血で倒れたDさんは、次のように語った。

Dさん 僕自身、ヤングケアラーっていう言葉を知って、ヤングケアラーでまとめられると、僕自身、ちょっと『あれ？』って思うところがあって、それはなんでかっていうと、僕自身は、『して当たり前』ってやっぱ思ってきてたんで、そうしてきたからこそ、今、自分に活きてる部分もありますし、「ヤングケアラーです」って自分から名乗ってしまうと、例えば〔倒れた〕お母さんを責めてる。さっきも言ったんですけど、お母さんを責めてることにもつながります

10 トラウマインフォームドケアにおいて、外傷体験を持つかもしれない子どもを発見する眼差しを「トラウマのメガネ」と表現するのも同じである（野坂祐子（二〇一九）『トラウマインフォームドケア――問題行動を捉えなおす援助の視点』、日本評論社）。

し、〔認知症のためDさんがサポートしている〕おばあちゃんを責めてることになりますし。

ヤングケアラーは定義によると、親やきょうだいの介護を行う、あるいは親の代わりに家事を行う存在である。各種の調査での項目も家事労働と、それにともなってできなくなる学業や遊びといった活動が尋ねられている。

しかしヤングケアラー本人は介護や家事代行を問題の本質だと見ているとは限らない。そもそもヤングケアラーという呼称が腑に落ちる人もいれば違和感を持つ人もいる。Dさんのようにヤングケアラーという言葉によって自分が置かれた状況を言葉にする力をえると同時に、家族を「責めてる」ことになるからヤングケアラーとは名乗りたくないという人もいる。

アイデンティフィケーションと脱アイデンティフィケーションは複雑に絡み合う。宮地尚子が論じている通り、記号がもたらすアイデンティティは、部分的でかつつねに変化していくものなのだろう。(11) しかも、或るラベルに固定してしまったとしたら、ラベルへの拘束が抑圧的に働く。

ヤングケアラーという記号を知った上での、若者たちのそこからの応答はさまざまであろう。Aさんや Dさんは、子どもに関わる対人援助職を目指すという仕方で自分の境遇を引き受けた行為主体となろうとしていた。Cさんも、職業は会社員だが、ボランティアで自分の経験を積極的に周囲に伝えたいと活動していた。彼らは自分自身の経験したことを言葉にした上で、自分自身の未来をその上に基礎づけて作ろうとしている。しかしこれはヤングケアラーという記号を軸とした反転ではなく、人生全体の意味付けへのプロセスとしてである。

しかしそれとは少し違ったしかたで記号に対して位置を取ろうとする人もいる。「ヤングケアラー」という記号ではないが、Bさんは「普通」の家庭という言葉を反転する。

幼少時について語る場面では毎晩カップラーメンの夕食を食べることが「普通」だと思っていたと語られる。「普通」の生活について世間一般の普通ではないイメージを持っていたのだ。

Bさん　母親がうつ病で、料理をするのもしんどいみたいな感じなんですよね。だから、毎晩、カップラーメンやったりするんですけど、それが僕は「普通や」と思ってたから、友だち、家来て、晩ご飯カップラーメン出されたってなったら、その友達が驚くっていうか、びっくりするんですよね。「えっ」て。「こいつんち行ったら、カップラーメン出されたで」、みたいな。僕はそれが当たり前やったから、『それは当たり前ちゃうんや』みたいな感じのカルチャーショックを受けましたね。

11　宮地尚子、前掲書、第6章「脱アイデンティティとアイデンティフィケーション」

Bさんはいったん友人の指摘で自分の「普通」が世間とは違ったことに「カルチャーショック」を受ける。しかし、世間とは異なる「普通」のイメージは、大人になって再度反転されてそれによってBさんは自分自身の立ち位置を獲得する。

Bさん　僕、当時はすごい自分のことを『不幸や』と思ってたんですね。『全然、もっと一般的な家庭に育ちたかった』とか、一般とか、普通っていうことを、すっごいあこがれてたんです。小学生のときは特に。

でも、今、考えると、『普通って何?』って。『一般的って何?』みたいな。やし〔だから〕、『母親に育てられてよかったな』って思うし。『あの母親に育てられたから、今の自分がある』って思うし。やし、『母親は、最終的には必ず僕を選んでくれてた。だから、母親に育てられてよかったな』って、今は思うんです。

昔はすごい普通とかにあこがれてました。普通、一般的、裕福っていうか、普通にご飯食べてきて、普通に学校通ってっていう、その普通っていうものにあこがれてたのありました。『今は普通って何?』みたいな感じだし、母親に育てられてよかったなって思いますね。

Bさんは世間「一般」の「普通」を知ったときにいったんはそれに「すっごいあこがれてた」。

しかし、自分が社会人になって母親を振り返ったときに（母親は覚醒剤依存で何度か夜逃げし、逮捕から出所したあとに自死している）、「普通」という概念そのものを相対化する。世間一般の「普通」から、はじめは外れていたことに気づき、次に「普通」にあこがれたのだが、そのあと、世間の基準ではなく、「愛されていた」という自分自身と周囲との関係のなかに価値基準を見出すことで母親を肯定し、自分自身の人生も肯定できるようになっている。

まとめ

・ヤングケアラーという記号が生まれたことによって社会から可視化されることになった一群の子どもたちがいる。
・子どもたち自身にとっては、生活の苦労のなかでＳＯＳを出せるのか出せないのかが生存に関わる問題となる。しかし触法や差別といった別の象徴的な布置が子ども・支援者双方に沈黙を強いることもある。
・支援者が子どもたちの潜在的なＳＯＳ（という言葉にならないＳＯＳ）をキャッチできるのかできないのかも同様に大きな問題となる。
・当事者がヤングケアラーという名称を知るか知らないか、受け入れるか受け入れないか、記号に対してどのように位置取りをするのかというポリティクスがある（言い換えると支援対象として発見される、自分自身の困難に名前を与えられる、スティグマとなる、etc.）。

・当事者が、自分自身の人生を自分自身の言葉でどのように意味づけていくのかという個別のライフストーリーを通したナラティブなアイデンティティの獲得がある。ヤングケアラーという記号によって、或る子どもたちが可視化されるが、本人の語りを通してのヤングケアラーとしての生の意味付けはヤングケアラーという記号の外で行われる。

「ヤングケアラー」という記号の周りにはこのような少なくともいくつかの言葉をめぐるプロセスが横たわっていることを確認して暫定的に本考察を終えたい。

先住民という記号　日本のダイバーシティ推進における課題と展望

石原真衣

記号＝符号としての先住民

世界中を席巻する空前のダイバーシティとＳＤＧｓブームは先住民にとって権利回復の後押しになるだろうか。近代文明やいきついた資本制のもとでグローバリゼーションにおいてモノや情報のみならず人間が容易に移動できるようになり、地球全体が環境危機を迎えている。われわれがこれまで経験したことがなかった新型コロナウィルス感染の世界的拡大による未曾有の状況や、ロシア・ウクライナ戦争を取り巻く喧噪は、ある意味では人類が辿ってきた暴力的世界の帰結でもある。グレタ・トゥーンベリさんが、トランプ元大統領をはじめとする大人たちの神経を逆撫でした「あなたたちが話しているのは、お金のことと、経済発展がいつまでも続くというおとぎ話ばかり。恥ずかしくないんでしょうか！」という発言も記憶に新しい。このような時代のなか、先住民の伝統知や暮らしは見直されはじめている。地球全体の危機において、これまで抑圧され蔑まれ、保護の対象とみなされてきた先住民が、自らが救済のアクターとして自分たちの持続可能な文化や暮らしを実践し、主流社会に提示できることは喜ばしい。しかし、すでに世界各国の先住民のリーダーたちが、ＳＤＧｓが先住民を置き去りしていることを指摘している。われわれは、先住民がまたもや多数派にとって都合のよい存在へと書き換えられていることに注視し続けなければいけない。

池上嘉彦『記号論への招待』（一九八四年、岩波新書）の冒頭では、記号と符号が分けて紹介されている。例えば「回答は所定の欄に記号で記入せよ」と書いてある場合に、そこで使われている「記号」は本来、符号であり、他のものに代替可能である。一方で、符号ではない記号には二つの側面があると池上は述べている。一つが「言語創造」、つまり人間が意味づけをする営みであり、それが人間の文化を生み出し維持し組み替えていくという側面で、もう一方が「言葉の牢獄」、つまりそういう記号ができることによって私たち自身が牢獄の中に入ってしまう側面である。

記号と符号に関する池上の示唆は先住民について考える上で重要である。それぞれの先住民間における場所や時間や状況や経験の違いについて十分に考慮せずに、先住民という符号によって彼ら・彼女らについての記述や議論を行うことは一人ひとりの傷や経験を代替可能なものとして顔や声を非人称化させることにもつながるかもしれない。政治経済的な場面で、人種資本としての「先住民」という記号の商品価値が高まる中で、いかに言葉の牢獄となることを避けながら先住民という記号が言語創造の契機を得るのかについて模索することが、われわれが目指すべき道筋である。

共生の主要登場人物として記号化される先住民

日本において「先住民と共生」という問題を考える時の最近の象徴的な出来事というのは、やはり民族共生象徴空間（通称ウポポイ）だろう。内閣官房アイヌ総合政策室のホームページでは、以下のように書かれている。

象徴空間は、長い歴史と自然の中で培われてきたアイヌの文化を多角的に伝承・共有すること、アイヌの人々の心のよりどころとなること、国民全体が互いに尊重し共生する社会のシンボルとなること、国内外の人々、子供から大人までの幅広い世代がアイヌの世界観、自然観等を学ぶことができるような機能を有する空間を目指します。

(https://www.kantei.go.jp/jp/singi/ainusuishin/symbolic_space.html)

ここでは、先住民という存在が日本国全土にわたって共生を体現するものとして描かれていることに注目しよう。世界的な流れにおいても、資源管理や環境危機において先住民の伝統的な知識を生かしていこうという試みが、様々な地域で確認できる（例えば「先住民族の権利と知恵を生かすデータで見るＳＤＧｓ」https://www.asahi.com/sdgs/article/14380443）。このような状況について批判的な見解を述べることは簡単であるが、ポジティブな側面があることも見落としてはならない。北海道アイヌ協会設立時の立役者の一人であった小川佐助さん（一九〇五年生まれ）の文章を紹介したい。小川さんは競馬の世界でもよく知られた人物で、テンポイントという競争馬を育てたことでも知られている。一九四八年に刊行された『北の光』というアイヌ協会の機関誌には次のように書かれている。

我々の孫の時代でも曾孫の時代でもよい、人種差別がなくなつて、社会的圧迫が無くなつたら、どれ程明朗でせう、我々の孫が曾孫が、学校へ行つて勉強するにも、どんなに楽しいことでせう、遠足の時でも修学旅行の時でも、仲良く仲間へ入れてもらえたら、どんなに楽しいことでせう、仕事だつて、明朗でさへあつたら、どんなに能率が上ることでせう、考えて見た丈けでも愉快ではありませんか。

（『北の光』創刊号：10）

私が感慨深くこれを読むのは、一九四八年当時は、修学旅行に行っても楽しくない、仲間にも入れてもらえない、というように状況が深刻だったこと対して、近年はアイヌ文化に関するポジティブな発信や「ブーム」もあり、アイヌに対する負のイメージが変わりつつあるからである。限定的とはいえ、当時と比べればアイヌに対する社会的な理解が促進され、小川佐助さんが思い描いたような未来が今、現実のものになりつつあるのかもしれない点は重要である。若い世代がアイヌの出自を持つことを公にすることについても、以前よりもそのハードルは低くなっている。また、民族象徴空間、国立アイヌ民族博物館をはじめとする公的機関でアイヌの出自を持つ人びとが職に就き、アイヌの歴史や文化に関する専門家として活躍していることも重要である。「先住民」という記号に社会的な意義が付与されることは、批判的にみれば当事者が多数派にとって都合のよい人種資本とされ切り刻まれ先住権などを含む権利回復から疎外される側面がある一方で、スティグマ化された当事者にとっては暮らしや自己認識における傷や苦悩が社会的に改善される道筋ともなりうる。先住民をはじめとするマイノリティは文化資本から疎外されているため、経済的に困難であることが調査などで示されているし、そのような状況で自分たちの歴史や文化について十分に勉強する機会も奪われてきた。今まで以上にアイヌ民族の問題が可視化され、先住民として記号化されることが、それまで得ることができなかった様々な機会をアイヌの人びとに提供できた点は重要である。ポジティブな側面とネガティブな側面のどちらか一方からのみ先住民の記号化という問題を捉えても、多くのことを見逃してしまう。今後われわれは、先住民が共生であれダイバーシティやSDGsであれ、主要登場人物として動員されることの可能性と問題点を、当事者の目線を含めながら議論を深める必要がある。

記号化による人種資本化と疎外される当事者

日本政府が掲げる「多文化共生推進プラン」(「地域における多文化共生推進プラン」…「多様性と包摂性のある社会の実現による『新たな日常』の構築」https://www.bunka.go.jp/seisaku/kokugo_nihongo/kyoiku/taikai/r02/pdf/92746701_03.pdf)は、基本的に外国人との多文化共生を射程としている。国内にいる、人種的に抑圧された集団、あるいは違うルーツを持つ他民族などは、上述の多文化共生プランには入っていない。

『多様性との対話　ダイバーシティ推進が見えなくするもの』(岩渕功一編、二〇二一年、青弓社)では、ダイバーシティ推進に対して期待が述べられているとともに警鐘も鳴らされている。「様々な差異をもった人々の存在をこれまで以上に可視化しているし、差別・不平等に苦しむひとたちを力づけ、その解消に取り組む実践を伴っている場合もあるだろう」と評価される部分である一方で、「制度化・構造化された不平等、格差、差別の問題を後景に追いやり、その問題の解消に継続して取り組んでいく必要が見失われてしまいがちになる」ということに警鐘が鳴らされている。かつてテッサ・モーリス＝スズキが「コスメティック多文化主義」と正しく指摘したとおり、「うわべだけの」あるいは「見せかけの」多文化主義は３Ｆ――ファッション、フェスティバル、フード――

にも象徴されている。

3Fのような、多数派にとって罪悪感や暮らしの変化を喚起させないうわべだけの多文化主義は、恐らく先住民やマイノリティ当事者にとっての一番深刻な問題に対してむしろ想像力を低下させてしまうだろう。

これらの問題を理解するための説明をみてみよう。英国ロンドン在住のアミナ・フォラリンは、「混同されがちな、BLMとダイバーシティ&インクルージョン」という記事でBLM(ブラックライブズマター)とダイバーシティの関係性を述べている。(https://www.campaignjapan.com/article/462068)[1]

ダイバーシティ&インクルージョン(包摂)は、もはや〔企業にとっては〕不可欠だ。(…)一方のBLMは、制度的な人種差別や不平等だ。これは具体的には、他の人種には与えられるさまざまな機会が、黒人には与えられずに排除されることを指す。(…)ダイバーシティ&インクルージョンとBLMの違いを理解するには、フロイド氏のことをもう一度考えてみるとよい。彼が亡くなったのは人種差別によるもので、近隣でダイバーシティが欠如していたからではな

1 『多様性との対話』で引用されている。

い。

異なる文化を持つ人びとや多様性を理解しようということを意味するダイバーシティが、必ずしも人種差別の解消につながらない、という指摘である。アイヌを含めた日本における「人種的他者」にとって、最も深刻なことは殺害などの物理的暴力やインターネットのヘイトを含む排外主義的攻撃である。フォラリンの指摘は、ダイバーシティ推進によって人種差別が解消されないという重要な指摘であり、この二つを混同することを避けることは、ダイバーシティ推進やSDGs時代において特に注意しなければいけない点だろう。

一元化される先住民イメージと当事者の罪悪感

「敵／味方」、「被害者／加害者」、「植民者／被植民者」などを含む二元論的思考は運動の理論においてはそれぞれの当事者性を明確に腑分けし、責任の所在や弱い立場に置かれた人びとの生の改善に寄与する。しかし一方で、知的な営為において、あるいは現実を生きる人間の複雑な状況について理解する上では二元論的思考は多くのものを捨象してしまう（「討議「インターセクショナルな「ノイズ」を鳴らすために」石原真衣＋下地ローレンス吉孝」『現代思想 二〇二二年五月号 特集＝インターセクショナリティ ――複雑な〈生〉の現実をとらえる思想』、「対談：石原真衣×金城カナグスク

馨　すき間に居続ける／狭間に立ち尽くす――反―共生宣言！とノイズを立て続けること――」『多元文化交流』第14号、東海大学（台湾））。あらゆる複雑な現象を二元論に分けてしまうわれわれ近代人は、〈野蛮人〉よりもはるかに知的怠慢な状況を生きていると言ってもよい。

レヴィ＝ストロースが引用したように、バルザックが『骨董市』で、野蛮人が（自分のやることを）あらゆる角度から徹底的に研究するがゆえに、思考から事実に到るとき、その仕事は完全無欠であるといったことは正しい。また、川口隆行が『原爆文学という問題領域』（二〇〇八年、創言社）で、被害と加害という腑分けがそのあいだにあるものへの不寛容と侮蔑に満ちたものであると指摘したことも同様に正しい。われわれ人類は、わかり切れない複雑な世界の中で、季節のあいだや昼と夜のあいだ、そして曖昧なものを怖れ敬うために、儀礼を行ってきた。しかし、近代科学と近代文明の中で、一見高度に発展したかのようにみえる科学的思考は、結局のところ、あいだやはざまといった人間にとって不可解な現象をなかったことにすることで成立していている。

現代を生きる多くの先住民自身も含めて、近代や文明の思考に飼いならされ、さらに脱儀礼化を生きているわれわれは、メアリ・ダグラスが提唱したアノマリー（異例なるもの）やアンビギュイティ（曖昧なるもの）に耐えることができない。〈野蛮人〉が持っていたもので、文明人が持ちえないもののひとつは曖昧なものを受け入れる能力である「ネガティブ・ケイパビリティ」である。曖昧なものやわからないものを怖れ敬う〈野蛮人〉はだからこそ儀礼や神話を洗練させていた。時間と労力をかけてあいだやはざまに向き合う〈野蛮人〉と、わからないことを瞬時に近代や文明に飼いならされた思考に回収させてしまうわれわれ近代人はどちらが誠実な知性とともに生きているといえるだろうか。多数派も先住民も、記号化された「先住民」しか認めたり認識できなくなりつつあるのではなかろうか。そのようなズレや曖昧さを切り離し一元化されることで、当事者自身や文化や歴史は切り刻まれる。そして、その一元化、記号化はさらなる弊害も生んでしまう。その弊害の一つとして、次に当事者を取り囲む罪悪感について述べよう。

上野千鶴子は「当事者とはニーズの主人公である」と言ったが、ここではさらに「当事者とは罪悪感に取り囲まれた人びとである」と付け加えたい。現在制度化が進む当事者研究は北海道浦河町に所在する「べてるの家」がルーツであるが、そこに向谷地育良とアイヌの人びとの出会いがあったことはあまり知られていない。浦河町では困難をかかえる多くの当事者はアイヌの人びとだった。人種差別、コロニアリズム、性差別、階級といった課題のインターセクショナルな場がまさに浦河でアイヌの人びとをはじめとする当事者がしんどい現実を生きている場所であった。

当事者研究はその後、「免責と引責」という思想に辿り着く。責任をまずは免除することで、その後の自分の生への責任を引き寄せるという熊谷晋一郎が提唱した概念であるが、上述のとおり、当事者とはそもそも罪悪感に取り囲まれた人びとであり、それは必要以上に責任を引き寄せてしまっている結果でもある。民族、人種的なマイノリティのみならず、セクシャリティ、病や障がい、日本の文脈では被爆を体験した人びとなどの様々な属性を持つ当事者が多くの場合、罪悪感に取り囲まれている。それぞれの困難な状況について「自分がなさけないから」「もっとがんばらなかったから」「伝統文化を継承できていないから」と責任を負いすぎて罪悪感につながっていたり、「自分よりも大変な人がいるのだから」「自分にも責任があるのだから」「（それぞれの当事者の）イメージに自分が合わないから」として自らが置かれてしまった困難さを過少評価したり、一元化された当事者イメージからはみでる自己への罪悪感を覚えたりする。当事者が経験するしんどいリアリティは、多くの場合、『中動態の世界』（二〇一七年、医学書院）で國分功一郎が述べたように、意思を持って選択したわけでも、全てが受動的に降りかかったのでもなく、巻き込まれやむを得ず起こった現象である。しかし、免責がされない限り、当事者が自己の罪悪感に言葉を与え、それが「自分のせいではない」と実感することは難しい。

一方で、そのような罪悪感を持たない当事者たちと、そのような人びとを好む良識派の知識人や支援者は、上述したように二元論的に世界を腑分けし、そのあいだに陥る人びとや現象に対して不寛容で時として侮蔑的な態度を取る。そこから紡がれる言葉が、マイノリティの現実をより生きやすいものに変容させていく力を持てばよいが、往々にして不寛容さに満ちた言葉が状況や世界を変えていくことは稀である。罪悪感に取り囲まれた当事者が遠慮や躊躇のために沈黙する中で、あいだの領域に不寛容な二元論的思考によって声を大きくする人びとの言葉が空虚に響くとき、マイノリティの複雑な現実は可視化される契機をますます失い、改善への道は閉ざされる。その果てに政治経済的に意味や価値を持つモデルマイノリティやモデル先住民のみが表舞台に残っていき、そこにあったはずの根源的な人間の痛みはますます忘却されていくのである。

先住民という記号は、多数派や主流社会の政治経済的なニーズに合致する形で生成と矯正が繰り返され、そこから派生するイメージは、ますます当事者を不自由にしていく。さらに、当事者の罪悪感がもたらす沈黙と、不寛容な二元論的思考による言葉たちは、社会空間において聴かれない声となり、取るに足らないものとしてなかったものとなり、本来は彩り豊かな当事者たちの現実をモノクロームにしてしまう。そのことはさらに循環的に多数派や為政者にとって都合のよい政治経済的価値を持つ先住民という記号へと還元されていく。この方程式が理解されない限り、先住民という一元化されたイメージと記号がダイバーシティ推進時代において牢獄となることは免れないだろう。

日本人の白人性と人種政治／差別

日本人の人種的色彩は何色か

近代の特徴のひとつである二元論的思考は、人類を様々なかたちで二つに分類してきた。人種政治に鑑みれば、政治的権力を行使する人間と行使される人間という分類であり、つまり「人間」と認められる人びとと、「非人間」と位置付けられた人びとという分類である。先住民の資源や土地を侵略、収奪することは、先住民を非人間と位置付けることで可能となった。非人間とされた先住民は、様々なものを奪われたままの人びとである。哲学者の今村仁司は『近代性の構造』（一九九四年、講談社選書メチエ）の中で、人間が文化や自然を自分たちから切り離す過程の中で、自分たちは動物や自然ではないという意識を持った時に、非人間を定めて序列化し排除していったと書いている。先住民や黒人を含む人種的他者、女性、あるいは子どもが、ある種の非人間として位置付けられていったというのが近代の特徴だといってよい。

ダイバーシティ推進は、基本的には周辺化された人たちに対する想像力を持つということであり、人間や文化の多様性を受け入れるということは歓迎すべきことだろう。しかしそこで不可視化される重大な側面は、レイシズムや人種政治によって侵略され収奪され続けている先住民や人種的他者の問題である。アイヌをはじめとする先住民や旧植民地の出自を持つ少数者や「部落」として徴づけられた人びとが非人間と位置付けられてきたことは、日本では忘却されたままである。日本においては世界的にも極めて特殊な地政学的状況がそれらの問題を忘却させる装置として機能した。

最も顕著にこの構造を確認できるのは、日本のフェミニズムの領域であろう。「日本のフェミニストはベル・フックスをどの位置から読んだのか」（前掲「討議：石原真衣×下地ローレンス吉孝」）

という問いによって明らかになるのは、西洋の中において日本人フェミニストたちが有色人女性として周辺化された経験によって、日本国内における自己の人種的特権性に気が付くことができない点である。日本人の人種的色彩――白／黒／黄／赤――が何色であるのかについて、特に思想史的側面から、今後われわれは議論を深めなければならない。日本は、地理的にはアジアに属しながら、近代国家成立の過程において帝国となり植民地を有し、敗戦以降は奇跡的な経済成長によってかつては国際社会でも存在感を示してきた。このような経験は、日本を「西洋でもなく」「アジア・アフリカでもない」ような、周辺であるようで中心であるような、曖昧な存在たらしめた。日本人における人種的特権性への無自覚は、日本が位置付けられたこのような複雑な地政学と歴史的過程に基づいて形成されている。「良識派の知識人や支援者」がしばしば行うように、こういった責任を個人化し、「倫理的」あるいは「道徳的」な課題にのみ還元してしまうと、多くのものを見過ごしてしまうだろう。

単色な「アイヌ民族」と透明な「和人」

あらゆる人間は本来カラフルな存在である。誰もが色彩豊かな歴史や物語を携え、多数派や少数派に限らずそこには様々な傷や痛みもある。しかし、ダイバーシティ推進の時代に顕著に確認できるのは、少数派がいとも簡単に単色に塗りつぶされる様であり、一方で多数派は良くも悪くも徴づけられる契機がないために透明のままであるという事態である。アイヌ民族については、一九九七年に制定された「アイヌ文化の振興並びにアイヌの伝統等に関する知識の普及及び啓発に関する法律」（通称：アイヌ文化振興法）によって、アイヌ文化は多数派にとって耳障りのよいものへと書き換えられ、限定的な文化イメージによって「伝統」に権威が与えられるようになり、そこにアクセスできないアイヌ当事者が増加したことも見逃すことはできないだろう。

先住民という集団の根拠が文化に還元され、さらにその文化概念は文化人類学的な包括的概念ではなく、モデルマイノリティになるような限定的なものであるために、アイヌ民族のイメージは単色に塗りつぶされつつある。一方で、ホワイトネススタディーズがすでに明らかにしているように、特権を持つ多数派はその特権性を自覚できないために透明性を有する。アメリカ人法学者のマーク・レヴィンによる「批判的人種理論と日本法　和人の人種的特権について」（『法律時報』80（2）、80－91、二〇〇八年、日本評論社、https://ci.nii.ac.jp/naid/40015816615）では、和人の透明性について的確な考察が行われている。レヴィンは、「和人の中には、米国におけるホワイトの透明性を凌駕する並外れた人種的透明性により日本に人種に基づく社会的境界線とマイノリティの従属とが存在することと自体に無自覚なものもいるであろう」と述べ、日本の和人の透明性が、米国のホワイト、白人をはるかに凌駕して深刻であるとした。

透明性とは、人種が基本的なファクターであることを意識することなく、また人種が生活経験に対して有しているインパクトを認識する必要もなく暮らすことができることを意味している。特権を享受している者がそれを特権によるものと認知するのは特に困難なのである。

特権性については、それぞれ民族や人種の問題のみならず当事者の側面から考える必要がある。例えば私は現在、車椅子を使う必要がない。よって、階段を使うことやエレベーターがない地下鉄の駅など、車椅子がなくてもアクセスできる場所について深く考えることもなく行くことができる。そのときに、「自分は特権がある」と感じることは容易ではない。こうした様々な当事者性による少数派と多数派における特権性─透明性の問題に加えて、アイヌ─和人問題ではさらに複雑な事情がある。日本では先住民や旧植民地の出自を持つ人びと、さらに人種的他者として権利を奪われている人びとと、見た目上多数派との区別が難しい点や、先述したように日本が置かれた複雑な地政学によって、自らの「白人性」や「人種的特権」について自覚ができないということが、日本人多数派の透明性の背景にある。

和人の透明性については、「入植者国家」という視点の問題点もある。北米やニュージーランド、オーストラリア、台湾など、先住民と入植者によって成り立っている国家は、先住民が最初に住んでいて、他の人びとはどこからか来たということは、少なくとも共有される歴史観だろう。北海道は国家ではなく一地域であるため、こうした北米などにみられる国家全体の歴史観からはかなりかけ離れている。歴史が作られる中央から物理的にも心理的にも離れており、先住民への侵略と収奪の歴史は北海道以外では肌感覚ではわからないだろう。よって、北海道の植民地主義を考えるときに「入植者国家」という言葉は、ひとまず「入植者地域」とするのが妥当である。国家という枠組みで議論を進めると見落としてしまう多くのものがあるため、範囲を限定したうえでそれぞれの歴史性について整理する必要があるだろう。以上の提起も含めて、なぜ先住民の歴史に関する共通認識が日本で定着しないのかについては、今後学際的な議論の進展が必要である。

アイヌ文化と人種差別

二〇一九年に施行された「アイヌの人々の誇りが尊重される社会を実現するための施策の推進に関する法律」（通称：アイヌ施策推進法）は、アイヌ民族を先住民族であると明言したことに画期的な意味があったが、それにもまして注目してほしいのは第四条における差別の禁止である。リチャード・シドル著『アイヌ通史』（二〇二一年、岩波書店）でも、訳者のマーク・ウィンチェスターがその意義についても述べているので参照されたい。

第四条には以下のように書かれている。

何人も、アイヌの人々に対して、アイヌであることを理由として、差別することその他の権利利益を侵害する行為をしてはならない。

同法律では差別の具体性については触れられていない。具体性の不在は新たな可能性を生み出す。ここでは民族問題と人種差別について考えよう。これまでアイヌ民族が受けてきた差別は多くの場合「民族差別」として認識されていたのではないか。民族という概念には酒井直樹が正しく論じるように、近代日本の成立過程において国家のナショナルな欲望を体現する概念としてのルーツがある。日本における世界大戦前後の多民族的国家観は、敗戦とともに急激な変容を求められた点も重要だろう。ほとんどの植民地を失った日本において、アイヌと沖縄はすでに組み込まれた日本として把握され、多数派が民族という言葉によって自己を同定する緊急性は失われた。一方で、民族とは主権をもつ集団であるという意識のもと、少数派は自分たちを表象する際に「〜民族」とするようになった。政治的な主体としての主張が内在されたはずの民族という言葉は、失われた伝統文化にその正当性が接続されるようになり、アイヌ民族の場合は特に一九九七年のアイヌ文化振興法によって、アイヌ民族とはアイヌ文化を継承する人びとであるというマスターナラティブが支配的となった。多数派や為政者にとって都合がよい文化のみを法律で規定したことで、政治的主体であることを主張するために使われていた民族という言葉は、その実効性を失っていった。

民族という概念が抱える問題点が露呈している例を紹介しよう。アイヌ民族の人口を把握しようとする際の課題にその問題点は現れている。例えば平成二九（二〇一七）年の北海道庁による「北海道アイヌ生活実態調査」によると、アイヌ民族の人数は一万三一一八人と確認されている。しかしここでは、「各市町村が把握することのできたアイヌの人たちであり、道内に居住しているアイヌの人たちの全数とはなっていない」と述べられている。つまりアイヌ民族であるという意識を持っている人、あるいはその子孫であるルーツを持つ人の数というのは、把握することが極めて困難であるというのが実情である。内閣官房アイヌ総合政策室は、四年に一度行われている国勢調査でアイヌ人口を調査してはどうかと提起した。その提案に対する回答は以下のとおりであった。

それぞれの『民族』を一定の定義に基づいて分類する必要があるが、それぞれの『民族』を定義することはデリケートな（センシティブな）問題であり、また、我が国では、その分類のための定義は、公的には確立されていない。

民族の項目について：「平成二七年国勢調査（簡易調査）総務局統計局」
（https://www.stat.go.jp/info/kenkyu/kokusei/yusiki27/pdf/02sy0503.pdf）

つまり、「民族」の定義がされていないし、国勢調査で確認することはできないということである。アイヌ民族をとりまく課題において本資料は貴重である。このことは、日本政府も、学者自身も民族とはなにかということを明確に定義づけることが困難であることを示している。そもそもロシアやドイツからの影響を多分に受けていた日本民族学が、戦後の紆余曲折を経て、アメリカやイギリスやフランスに起源を持つ文化人類学や社会人類学へと鞍替えしていったことにも、現在における民族の定義に関する議論の困難さの背景がある。

ともあれ、内閣官房アイヌ総合政策室の提案にも関わらず、アイヌ人口を把握することは退けられ、国勢調査で確認できるのは今のところ引き続き国籍のみとなる。日本国籍であるか外国籍であるか、日本の中にどれくらいの外国籍の人が住んでいるか、ということしか国勢調査では確認できない。このような現状において、アイヌ施策推進法で明記された「差別することその他の権利利益を侵害する行為をしてはならない」という文言は、今後その差別の具体性について深い議論が要請される。先住民への人種政治を含むレイシズムの問題について日本全体が把握しているとは言い難い状況の中で、アイヌへの差別はおそらく民族差別として把握されているだろう。しかし、内藤千珠子の卓越した言葉を引用すれば「伏字的死角」によって成立している「民族」という記号は、実のところ誰も把握できない幽霊のようなものである（『愛国的無関心』二〇一五、新曜社）。「民族」概念の複雑な出自を思想史的に把握することは今後の重大な課題の一つであるが、ここではその対の問題であり、これまでほとんど無視されてきた「人種差別」に注目したい。

先述したリチャード・シドルによって著され、マーク・ウィンチェスターによって訳された『アイヌ通史』は、アイヌ民族に対する人種政治と人種差別について理解する上で最重要書籍である。ウィンチェスターによる訳者解題には、きわめて明確に、アイヌが経験したことの背景にはアイヌに対する人種化および人種差別があり、人種政治にもとづくコロニアリズムとそこからつらなる困難な近現代があるという構図を描き出している。

シドルやウィンチェスターの著作は、木名瀬高嗣と平野克弥の一連の著作と共に読むことで、アイヌ自身すらも把握することが難しかった自らの痛みの背景を照らし出すことを可能にする。木名瀬は、「アイヌのサバルタン性」やアイヌ問題について把握する際のアイヌ文化の弊害について論じており（「〈アイヌ・文化研究〉あるいは〈「サバルタン性」〉の人類学のためのメモランダム」）、平野は「生のミュージアム化」や「死の政治」概念によってアイヌの近現代の歩みを描き出している。これらの著作や研究は、北海道におけるコロニアリズムがレイシズムを内包する形でしか達成できなかったことを示している。アイヌと和人の近代的な出会いとその関係性は、アイヌを人種的差異という単位に押し込め非人間と位置付けることで生まれた。人種概念の最大の問題点は、序列化を備えたものであるという点だ。BLMとダイバーシティの関係についてフォラミンが正しく述べたように、アイヌ文化を受容すること、民族という集団の正当性を文化に接続する視点では、人種政治のために序列化され非人間と位置付けられたアイヌ民族の根源的痛みを多角的に理解することは不可能だろう。文化を根拠にした民族概念に基づくダイバーシティ推進では、人間を序列化し非人間と位置付け、収奪や抑圧が正当化された人種政治がむしろ覆い隠されてしまう。この問題に対峙するうえでも、差別の禁止を明文化したアイヌ施策推進法には、批判のみに終始する良識派の知識人と支援者たちにはみることができない可能性が含まれている。アイヌに対する差別の根源を理解する上で、今後人種政治やレイシズムといったことについて議論を深めることで、先住民を取り巻く歴史と現状の根源が明らかになるだろう。

身体と物語

先祖の遺骨を探す旅

思い出す度に胸が張り裂けそうな話がある。橋本隆行さんというアイヌの男性が話してくれたその話をここでは紹介したい。橋本隆行さんと出会ったのは、私が大学院時代だった。出会って数年してから、彼の先祖の遺骨が北大に収容されているということを、ご本人から聞いた。私自身も親戚の先祖の遺骨が北大に収容されているということもあり、共通の問題を抱える者同士橋本さんの声は私にとてもよく響いた。橋本さんは私に以下のように言った。「北大に収められている先祖の全身骨には、頭の骨が入っていなかった。自分はこの〔ご先祖の〕頭の骨を探すことに生涯をささげたい」。私は橋本さんの話を聴いて、当時は三〇代だった橋本さんが生涯をかけて先祖の頭骨を探すと宣言したことにとても驚いた。橋本さんは、彼が独身で子どもがいなく、だからこそ頭骨を探すことに時間を費やすことができると言った。時折様々な場所で見かける彼は、憂鬱そうで健やかではなさそうなことも度々あった。それは当然だろう。当時アイヌの中でも、遺骨問題について一切関わりたくないという人、先祖の骨に対して何の思いもないという人、そして研究のために利用することを承認するアイヌの人びともいた。社会的、経済的に不安定な立場にいた若いアイヌ男性がたった一人で立ち向かうには、学問の世界も、大学の組織も、そして集団としてのアイヌ民族も、あまりに大きな壁だったに違いない。私は何もできない自分がふがいなかったが、私自身が難病患者となり困難な生活を送ることに加えて、先住民当事者として様々なアカデミックハラスメントに遭遇する中でこころのバランスを崩しており、橋本さんの日々の苦悩を支えるにはいたらなかった。橋本さんは自身の孤独について、必ずしも明確な言葉で私に語ることはなかったが、それでも時折言葉の端々にあらわれる彼の心もとなさ、孤独、怒り、悲しみは、私のこころにずっしり残り続けていた。

　少し不謹慎な言い方ではあるが、橋本さんのご先祖である里平鍬四郎さんは幸せであるとも感じていた。生涯をかけて、心を寄せ、弔いを奪われてきた自分の頭骨を探してくれる子孫を持つということは、遺骨として凌辱され続けているほとんどのアイヌの先祖たちには叶わないことだ。先祖たちは、学者のみならず、自分たちの子孫たちによってでも歴史や現代において忘却され続けたまま、つながりを失い、弔いの時を奪われている。

橋本さんは二〇一五年、北海道大学が公式にアナウンスしたアイヌ遺骨のリストの中に先祖の遺骨が含まれていることを発見した。その時は、どうしていいかわからずに誰にも話さずに時間を過ごしたが、しばらくしてから知人の研究者にそのことを告げたところ、その研究者が遺骨に関する資料のコピーを揃えて手渡してくれた。その後除籍簿を取り寄せたり、様々な論文について調べたり、時として離れた場所に足を延ばし、そこにしかない資料を手に入れることに奔走した。多くの費用・時間・感情を費やした。

橋本さんは先祖の遺骨を探す自身の旅の理由について、三つ教えてくれた。一つ目の理由は「研究者への反省を促すこと」である。「研究者は目の前にいる他者が見えていない。論理的に思考することに慣れ過ぎているし、一人称でアイヌの遺骨問題を話さない。このまま頭骨が見つからないかもしれないし、自分は研究者を恨んだまま死んでいくのかもしれない。しかしそうならないことを願っている」。

橋本さんは「研究」という営為そのものに関する複雑な心情についても吐露していた。「自分たちの生活はこれまでのあらゆる研究の上に成り立っている。その恩恵を受けている。自分は機械が大好きで、トンコリと機械を使って活動したいと思っていた、研究とはきらきらしたものだと思っていた。しかし今は研究者を恨むことしかできない。本当はできることならば、研究者と血の通ったコミュニケーションをしたい。そしてこの遺骨問題について納得できる解答を見つけたい」と言う。

二つ目の理由は、「自身の生きづらい人生の理由を探ること」だ。橋本さんは、「何で自分が子どもの頃から家庭にいろいろな困難があったのか、遺骨問題に接することで自分が生きづらかった人生の理由が少しわかった気がする」と言う。

三つ目の理由としては「家族代々と今も親せきの間にある分断を乗り越えて、その絆を回復したい」と言った。

なぜ、まだ若い橋本さんが多大なる時間と労力・感情などを捧げながら先祖の頭骨を一人で探さなければならなかったのか。彼の失われた三〇代の数年間はもう戻ってはこない。その時間と労力は本来、研究者や研究機関によって費やされる必要があった。私は様々な場面で、無邪気に橋本さんを傷つけた研究者たちの顔を決して忘れない。アイヌ遺骨返還問題を含むコロニアルな暴力がいかに、いま橋本さんを含むアイヌの子孫たちに暗い影を落としているのか。こうしたことに、アカデミズムに属するわれわれはどのように真摯に向き合いうるのか、学問的営為がすべて共通の出自を共有する以上、研究を行うすべての人間に問われている。

身体に刻印された傷

先住民の身体は、コロニアリズムと困難な物語を記憶している。言葉になっていない物語は身体に刻まれている。われわれは、歴史が人間を記述するときそこから捨象されてしまったものは永遠に失われてしまった気さえする。しかし、先住民の身体には持続可能な暮らしを数万年に渡って継続し、突如恒常性を失われたプロセスとコロニアリズムが刻まれている。今後、先住民およびその子孫における精神疾患や身体的な疾患も含めて検討することで、「歴史」として可視化されていない新たな物語が浮かび上がるかもしれない。

エネルギーの摂取の仕方ひとつをとっても、狩猟から農耕へなだらかに変容した非先住民と比べて、先住民の暮らしの変化はあまりに急激だった。アイヌ民族を鑑みれば、北海道では現在市町村レベルにおいてアイヌの人口が多数派であるところは一つも確認されていない点は特に重要である。アイヌ人口に関する統計が存在しない以上、アイヌの出自を持つ人びとが各市町村において多数派である可能性はゼロではないが、現在のところ確認されていない。このことを換言すれば、先住民として持続可能な暮らしをしていたアイヌたちは、特に開拓使設置以降の和人の急激な流入により、一瞬であらゆる場所を取り囲まれ、自分たちが暮らす場所を奪われたことの証左でもある。(2) 例えば世界各国様々な地域の先住民は、いまだインフラが整わない地域で暮らしており、現実的な課題は多いが、孤立した場所では暮らしのあらゆる側面が一瞬で急激に変容させられたわけではないだろう。一方で、アイヌの経験を振り返るとき最も重要なことのひとつは、暮らしのすべてがほとんど一瞬で変容させられたということである。それはアイヌ文化振興法以降の多数派や権力にとって都合がよい形に限定されてしまった「文化」の問題に留まる問題ではない。数万年継続してきた食生活の急激な変容は、身体の危機をもたらしただろうし、精神と身体が二元論的に分けられるわけではない以上、こころの健康にも大きな弊害をもたらしたことは想像にかたくない。人間として当たり前のように健やかに暮らすことができなくなったということ、そしておそらくその事実が子孫たちの健康に大きな弊害をもたらしているにも関わらず、可視化の契機を失い続けていることは、今後早急に議論する必要がある。

アイヌの人びとと話すと、家族や親せき、友人に自死した人がいる場合が多々ある。アイヌの自死は密に語られ続けてきた。そして、アルコールやDVといった様々な問題もそこにつらなっている。多くの場合、そこには当事者たちの罪悪感が複雑に埋め込まれている。弱いから自死した、弱いからアルコール依存症やDVを行っているという当事者同士のまなざしは、マイノリティの集団

2　この視点は、鹿児島純真女子大学の広瀬健一郎氏にご教示いただいた。北海道大学でアイヌ民族に関する研究や運動に携わり、カナダ先住民に関する研究を長年行っている広瀬氏ならではの視点でありご教示いただいたことに感謝したい。

内で弱い者を周辺化し、「名誉マジョリティ」だけが生き残る構造も生み出しうるだろう。名誉マジョリティとなっても、マジョリティになるわけではないし、マイノリティ自身の困難な現状を覆い隠す可能性すらある。

統計的なデータがほとんど存在せず、混血を繰り返し可視化される契機が少なくなってしまったアイヌの現状について把握するためには、それぞれの身体に刻まれた傷に着目することからはじめられないだろうか。なぜ、疾患を抱える人びとが多いのか、依存症やＤＶの問題が多いのか、怒りを手放せない人びとが多いのか、という問題について、それらの問題を個人化するのではなく、先住民が経験したコロニアリズムの問題として捉え直すことがいまわれわれに求められている。それは先住民に関するアイデンティティの回復や文化継承の問題が覆い隠してしまう、今日を当たり前に生きる権利に関する議論でもある。

身体が紡ぐ言葉

記号のひとつの側面が「言葉の牢獄」であるとすれば、その対極にあるのは、身体や一人称や個別具体的な物語であると提起しよう。ここで言う身体とは、例えば涙が流れてきたりとか、悲しかったり怒ったりした時に心臓がばくばくするだとか、あるいは辛くなったら胃が痛くなるようなものである。先住民を含むマイノリティの多くは、身体に傷を負っている。その意味で、当事者とは傷と共に生きる人びとでもある。その傷は、こころを内在する身体を蝕み、当事者の暮らしを居心地の悪いものにするだろう。しかし、傷は癒しへの道しるべでもある。そして身体に刻まれた傷は、権力を持った人びとのみが記述してきた歴史に、あらたな彩りを加える要素ともなりうる。様々な言葉の牢獄が、あらゆる人類を損ない束縛する現代において、私たちは一人称単数の語りの可能性について真剣に考える時を迎えたのだ。

ＳＤＧｓやダイバーシティ、民族の共生などという言葉がなかったはるか昔から、先住民は持続可能な生を全うしていた。レヴィ＝ストロースが深く論じたように、「野蛮人の思考」は地球やあらゆる生物との親密さに基づく、厳密な構造を有していた。資本制を含む近代の欲望は、環境や生態や人間を破壊し続けている。先住民自身も破壊されたプロセスを経て自らが破壊する側になっていないか、特に「北の国」に属する先住民は切実に問わねばならない。破壊の果てにどのようなことが起こるのか、これまで科学や歴史が明らかにしなかったことを、先住民を含むマイノリティの身体から紡がれる言葉によってわれわれは知ることができるだろう。

様々なきしみが、様々な地域や状況から聞こえる現在において、われわれが自分たちに行使してきた暴力、そして他者への暴力の連鎖、その忘却の記憶を取り戻すことによって、われわれの未来が拓かれることを願う。ダイバーシティ推進が孕む暴力性について思考することは、先住民の困難な生を居心地のよいものへと近づけると同時に、人類全体の未来を拓く可能性をもたらすという点において今後ますます重要性を増すだろう。

あとがき

このシンポジウムは、私にとって——そして現在開始されている「先住民フェミニズム」という思想的介入およびプロジェクトにとって——生涯忘れることができない重大な契機となった。内藤千珠子さん、中村平さん、村上靖彦さんとの出逢いおよび交流は、いまにも息たえそうだった当時の私に生き延び、生き返る力を与えてくれた。当時の私はとても死と近い場所でかろうじて生きていたような気がする。いくつかの場所で書いたものに、そのおどろおどろしい死の空気がもれるにおいが残されている。

内藤さんは、とある研究会でご一緒したことがきっかけで拙著を読んでくださり、私以上に私が取り扱った問題を深く理解くださった。日本はとても不思議な社会であるが、その不思議さを内藤さんのお仕事は理解可能なものにしてくれる。日本のジェンダー状況について理解したいと思うならば、内藤さんの本を読めばよい。とても深く、あたたかく、少しだけ暗く、そして希望に満ちたお仕事をたくさんされている。

私は中村さんとの関係性の中でいつも癒されてきた。近年の私の仕事は「白人的日本人」について思索を深め、いかに多数派と少数派双方にとって「免責と引責」の形を考えられるか、ということである。私にとって中村さんとの交流は、出会った当時から唯一の言葉がほとんどずれちがわない時間だった。言葉を共有できることが、どれほど孤独を救うだろうか。

中村さんはジェンダー研究にも深い関心を持ちいくつかのお仕事があるので、先住民女性研究者である私が日々遭遇するハラスメントや暴力についても、いつもサポーティブに対応くださった。そうして私は生き延びていることに、感謝を示したい。

医学書院の伝説的編集者の白石正明さんに「並外れた知的肺活量」と言わせる村上さんの知性は、日本のアカデミズムのみならず、日本やこれからの人類にとって重要な視点と思想を文字通り並外れた知的生産によって創造しつづけている。一人称単数である「私」の経験と記述を学術的に行うというラディカルな方法論であるオートエスノグラフィは、私が大学院生だった数年前は、「一人の経験を学術的記述にはできない」「客観性や科学性に欠ける」「家族の歴史を文化人類学で扱うことは異例である」などと言われた。ここには書かない深刻なハラスメントを受けたこともある。村上さんのような極めて重要で一級の研究者が、アイヌへの陳腐な好奇心によるものではなく、研究の内容と意義を公の場で評価してくださったことは、私がアカデミズムに留まる理由ときっかけとなった。村上さんとの出逢いがなければ、私は研究の世界に居続ける選択をしなかったと思う。それほどまでに、「当事者」や先住民、そして先住民フェミニストにとって、アカデミズムの世界は「暴力」に満ちている。

シンポジウムの前日、シンポジウム当日、そしてシンポジウム後のお三方との歓談は、私にとって忘れられない青春の一部である。まだ名もなき若手女性研究者だった私の切実なお願いに応えてくださり、はるばるサッポロまでいらしてくださったお二方には心から感謝したい。それぞれの領域の第一線でご活躍されているお三方は、「アイヌとして」私を消費するのではない形で、私の仕事を評価してくださり、そして内藤さんの用語である「代理戦争」でもなく、憐れみや、丁寧に隠された優越感や無自覚さによってでもなく、私の研究や言葉が先住民やアイヌにとってだけではなくもっと広い意味で未来を拓くことを示唆してくださった。美しいお仕事をされている内藤さん、中村さん、村上さんにそう評価されることが、どれほど私の魂を救っただろうか。それは、研究の世界に入ってからはじめて、「アイヌとして」消費される形ではない、私への声掛けでもあった。

私がこのように書くことで、傷つく人が多くいると思う。深く傷つかないことを願う。そして、その傷つきは、内藤さんが本書で書いたような形で、自己と他者の交通可能性を拓くものだと思う。だからどうかその傷は、ダイバーシティ推進の時代にこそ大切に携えてほしい。私が「アイヌとして」消費されてきた、と書くことで、救われる人もいるだろう。自分がなんだか傷つく感じが、もやっとする感じがするけど、それが何かわからないと感じてきた人が、願わくば少し救われることを望みたい。

「私は傷ついている」ということに向き合うことは、よい側面とわるい側面がありそうだが、私はずっと自分の傷について言葉を紡いできた。それは、誰かを責めるわけではなく、「弱さのケイパビリティ」(「〈沈黙〉が架橋する——弔いの人類学とケアし合うオートエスノグラフィへむけて」『文化人類学』近刊[1])の大切さを伝えたかったからだ。その大切さは先住民やアイヌのためだけに限らない。人間は弱く脆弱なものだと思う。ヒグマにもライオンにも、ひとりで丸腰ではたちうちできない。だからこそ、動物とは違う形で文化をつくり出してきた。高度で複雑に発達してしまった様々な「文化」は、人間は弱い、ということを人間が理解することを阻害している。われわれは人間が弱いということを認められないほど、弱さを飼いならす方法を失ってしまい、それは様々な暴力をうみ出している。弱いから人間はつながってきた、そういう当たり前のことが、「弱さのケイパビリティ」によってふたたび理解可能になると思う。

ダイバーシティ推進の時代は、あらゆるものが消費可能な商品として流通する時代でもある。商品価値があるマイノリティは特に適切な商品として切り刻まれ流通する。先住民はその好例だろう。そのようにひろく可視化されることで改善する状況もあるし、一方で、だからこそそこから零れ落ちる人びとや、深刻な傷や痛みを抱え込む場合も生じてしまう。ダイバーシティはよい、と手放しに喜ぶのではなく、われわれはそれをツールとして活用する術を身につけなくてはいけない。ダイバーシティ推進や、斎藤幸平が「大衆のアヘン」とよんだ「ＳＤＧｓ」がコスメティックに称揚される中で、居心地の悪さを感じる当事者の経験は、それを適切でよい方向へ導くための指標になる。

加藤センター長には、日本での先住民研究を最も豊かな意味において拓いていることへの感謝と敬意をここで表したい。加藤センター長は、何もわからない修士課程だった私に海外諸国の先住民研究へと目を開かせてくださり（日本のアカデミズムの暴力性についてもこっそり色々教えてもらい）、二〇二〇年の単著の刊行までずっと見守ってくださった。そして、このシンポジウムの企画をまかせていただいたことで、また大きなターニングポイントを迎えることができた。

北原モコットゥナㇱさんには、たった二人だけの「私たち」がいま経験している様々なことがらを共有してくれることに大きな感謝を述べたい。これから一人ひとり増えていくように、泣いたり、笑い飛ばしたり、また泣いたりしながら一緒に歩んでください。

シンポジウム開催にあたり、また毎日の仕事の中で、アイヌ・先住民研究センターの神子島紀恵さん、前田明子さん、磯部由貴さんにはとてもお世話になっている。皆さんが支えてくださるおか

1　近刊の『文化人類学』第87巻2号では、オートエスノグラフィの特集が組まれる。他者表象を方法論とし、近年ではマルチスピーシーズ人類学など、「人間」の痛みが一人称で語られてこなかった特に日本の人類学において、本特集が持つ意味と意義は大きい。ぜひ参照されたい。

げでこのような素晴らしい研究の機会が実現していることにいつも感謝しています。
また、本書が生まれた真の立役者は、青土社の篠原一平さんである。篠原さんは、毎年多くの素晴らしい書籍を編集し続けている。アイヌの事情についても造詣が深く、様々な領域の書籍を編集されていることにも表れるように、篠原さんの世界観が豊かで深いことに畏敬の念を覚えている。担当の編集者に愛された本とは、とても幸せな本だと思う。篠原さんが編集された「愛された本たち」に触れることによって、私の世界も拡がっているように感じている。このような編集者に出逢ったことは私にとって幸福なことの一つであるし、また篠原さんに本書を編集いただいたこと自体が、とても大切な宝物となった。ありがとうございました。

先住民や女性や子どもが記号化されることには、とても複雑な歴史的、社会的、政治経済的背景がある。この問題を今後深く思索していくことで、ダイバーシティ推進の時代の問題点を明るみに出すのみならず、人類が様々な形で抱えている問題についても新たな視点を提供できるだろう。せっかくだから、自分が安心できる世界に閉じこもっていないで、少しだけ居心地の悪さも感じながらどんどんつながり合っていきたい。そのつながりは安っぽくて薄っぺらい「連帯」や「共生」や「ダイバーシティ」をもっと素敵なものに作り変えていくだろう。読者のみなさんもこのプロジェクトに参加しませんか。

二〇二二年六月二四日　サッポロから大阪へ向かう雲の上から

石原真衣

【著者】（五十音順）

加藤 博文（かとう・ひろふみ）
1966年生まれ。北海道大学アイヌ・先住民研究センター長・教授。専門は先住民考古学。先住民文化遺産や先住民文化遺産の返還問題。主要業績に『いま学ぶ アイヌ民族の歴史』（若園雄志郎と共編、山川出版社、2018年）、『先住民族の遺骨返還－海外における先住民考古学としての取り組み－』（先住民考古学研究室、2018年）、「アイヌ民族と北海道考古学」（『世界と日本の考古学：オリーブの木と赤い大地』所収、六一書房、2020年）などがある。

北原 モコットゥナㇱ（きたはら・もこっとぅなㇱ）
1976年東京都杉並区生まれ。千葉大学大学院社会文化科学研究科博士課程修了〔学術博士〕。専門はアイヌ宗教文化、アイヌ語、口承文芸。両親が「関東ウタリ会」の結成時メンバーであり、関東地方におけるアイヌ民族の文化復興・地位向上に向けた活動を肌で感じながら成長する。中学生の頃より、樺太アイヌである祖母トーニンテマㇵの影響で、樺太アイヌの言葉や文化に関心を持つ。2005年から2010年までアイヌ民族博物館学芸課学芸員、2010年4月より北海道大学アイヌ・先住民研究センター准教授。著書に『アイヌの祭具　イナウの研究』（北海道大学出版会 2014年）、『ミンタㇻ①アイヌ民族27の昔話』（小笠原小夜と共著、北海道新聞社 2021年）などがある。

内藤 千珠子（ないとう・ちずこ）
大妻女子大学文学部日本文学科教授。専門は近現代の日本語文学。著書に『「アイドルの国」の性暴力』（新曜社、2021年）、『愛国的無関心――「見えない他者」と物語の暴力』（新曜社、2015年）、『小説の恋愛感触』（みすず書房、2010年）、『帝国と暗殺――ジェンダーからみる近代日本のメディア編成』（新曜社、2005年）などがある。

中村 平（なかむら・たいら）
日本の殖民主義について台湾高地先住民との関係や、祖父の中国での従軍経験とその影響などから研究している。近年はオートエスノグラフィにも関心を持つ。北海道大学で教育社会学、台湾大学で人類学、大阪大学で日本学、カルフォルニア大学でエスニック研究に接してきた。韓国の漢陽大学などを経て、広島大学教員となり7年目で、平和科目やポストコロニアル、歴史文化論などをめぐって教育研究しています。

村上 靖彦（むらかみ・やすひこ）
1970年東京生まれ、大阪大学人間科学研究科教授。専門は現象学。
著作『在宅無限大　訪問看護師が見た生と死』（医学書院、2018年）、『子どもたちが作る町　大阪・西成の子育て支援』（世界思想社、2021年）、『交わらないリズム　出会いとすれ違いの現象学』（青土社、2021年）、『ケアとは何か　看護・福祉で大事なこと』（中公新書、2021年）『「ヤングケアラーとは誰か』（朝日選書（近刊）、2022）などがある。

【編著者】

石原 真衣（いしはら・まい）
1982年サッポロ生まれ。北海道大学アイヌ・先住民研究センター准教授。専門は文化人類学、先住民フェミニズム。アイヌと和人（会津／琴似屯田兵）プラスアルファのマルチレイシャル。著書に『〈沈黙〉の自伝的民族誌　サイレント・アイヌの痛みと救済の物語』（北海道大学出版会、2020年、大平正芳記念賞受賞）、編著『アイヌからみた北海道150年』（北海道大学出版会、2021年）などがある。

記号化される先住民／女性／子ども

2022年7月25日　第一刷印刷
2022年8月10日　第一刷発行

編著者　石原真衣

発行者　清水一人
発行所　青土社

〒101-0051　東京都千代田区神田神保町1-29　市瀬ビル
［電話］03-3291-9831（編集）　03-3294-7829（営業）
［振替］00190-7-192955

印刷・製本　ディグ
装丁　大倉真一郎

ISBN978-4-7917-7487-6　Printed in Japan